マドンナメイト文庫

禁断告白スペシャル 田舎の熟年相姦——背徳の悦び

素人投稿編集部

E N T S

〈第一章〉田舎の片隅で密かに続く相姦の淫宴

〈第二章〉血の繋がった男女が貪る禁断の果実

C O N T

※本書に掲載した投稿には、読みやすさを優先して、編集部でリライトしている部分もあります。なお、投稿者・登場人物はすべて仮名です。

〈第一章〉田舎の片隅で密かに続く相姦の淫宴

辺鄙な農村で行われてきた淫靡な風習
叔母との近親相姦に溺れた淡い想い出

北本 豊　農業　六十五歳

私は九州にある、小さな農村で農業を営んでいます。

まだ私が生まれる前の時代には、村にはよそとはまったく異なる風習がありました。

それは山奥で人の出入りも少ないため、血筋がつながった者同士でも平気で夫婦になったというものです。

そのためか、いまも村は同じ苗字ばかりで、親戚もあちこちの家に散らばっています。○○さんと○○さんの祖父母は実は兄妹だったとか、そんな話はいくらでも聞くことができました。

もちろん現在ではそんな風習はすたれてしまっています。しかし風習の名残り（なごり）は、ほんの数十年前まで村に残っていました。

実は私が初めて抱いた女は、同じ村に住んでいた伯母だったのです。

いまから四十五年ほど昔の話です。私はすでに二十歳を超えていましたが、実家で農業の手伝いをしながら暮らしていました。

もともと農家の生まれなので、ほかの仕事に就くつもりはありません。いずれ両親から田畑を譲り受けて農家を継ぐつもりでした。

しかし当時、昭和五十年代になっても、村の嫁不足は相変わらずでした。

山奥の小さな農家では、嫁に来てくれる女性を探すのもひと苦労です。なにしろ水道や電気も通っておらず、よその土地との行き来にも狭い山道を通るしかありません。

そんな村にわざわざ来てくれる女性などいるはずもなく、私は成人になっても女性と交際したことすらありませんでした。

性欲を発散するにも、自慰しか方法がありません。エロ本さえ手に入れるのは難しい環境です。生身の女を抱くなど夢のまた夢でした。

そんなある日のことでした。

私は親に用事を頼まれ、同じ村に住む伯母の家を訪ねました。

伯母の睦美(むつみ)さんは、当時はちょうど五十歳になっていました。結婚を一度はしたものの旦那さんを病気で亡くし、それから一人で生活をしていました。

私が訪ねたのはまだ昼過ぎぐらいでした。真夏の暑い季節で、私も少し歩いただけで汗をかくほどでした。

「睦美伯母ちゃん、いる？」

玄関を開けて大声で呼んでも、伯母は出てきません。

小さいころから何度も来たことがある家だったので、私は勝手に玄関から家の中へ上がりました。

小さく古びた家で、入ってすぐ脇に便所と風呂場があります。その風呂場のガラス戸の奥に人影が見えたかと思うと、ガラッと戸が開きました。

「ごめんねぇ。ちょうどお風呂に入ってたところだったとよ」

あわてて飛び出してきた伯母の姿を見て驚きました。バスタオルも巻かない裸のままだったのです。

私も子どものころには、伯母と二人でお風呂に入ったこともあります。もちろん裸も何度も目にしてきました。

しかし大きくなってからは、さすがにそんな姿を見ることはなかっただけに、息が止まりそうになっていました。

「お……伯母ちゃん、人前に出るときは服くらい着らんね」

私があきれた声で言うと、伯母はようやくバスタオルで体をふきながら、私に向かって言いました。

「細かいことは気にせんでよか、家の中だけん。いまさら隠すほどの仲でもなかでしょう」

おそらく伯母は、私を子どもだったころと同じように見ていたのでしょう。裸を見られても恥ずかしがるどころか、まったく平気な顔をしています。

ですが私にとって伯母は、ただの身内の女性ではありません。ひそかにあこがれを抱いていたのです。

そう感じるようになったのは、十代の半ばに入ってからです。

人口の少ないこの村で、伯母ほど女の色気を感じさせてくれる女性はいませんでした。田舎には珍しいきれいな顔立ちで、体つきもむっちりと色っぽいのです。

思春期だった私には、伯母の熟れた体は格好の餌でした。いったい何度思い浮かべながら自慰にふけったかことか。

その伯母の裸を久しぶりに目の当(ま)たりにした私は、思わずじっくりと見つめてしまいました。

魅力的な体つきは五十歳になっても変わりません。むしろお腹の周りやお尻がふっくらして、ますます色っぽくなっていました。

特に私のお気に入りだった豊かな胸は、年のせいかやや垂れてきているようでした。もっと下に目を向けると、あそこが見えないくらい毛が密生しています。黒々とした毛におおわれた股間は、子どものころの記憶のままでした。

「あらあら。豊ちゃんも、そういうことを気にする年ごろになったのねぇ」

自分の体に向けられる視線に伯母も気づいたのでしょう。悪戯っぽく笑いながら、私をからかうように言いました。

私はあわてて「違うよ、何も見とらんよ」と言いましたが、もちろん信じてはもらえません。

というのも、私はすでに勃起していたのです。テントのように張ったズボンのふくらみを、伯母に見られていました。

「よかよか、隠さんでも。男ならあたりまえのことだけん。気にせんでよかよ」

恥ずかしがる私を慰めるように、伯母が声をかけてくれます。

逆に私はみっともなく情けない気持ちでいっぱいでした。小さいころからかわいがってもらっていた伯母に、劣情を抱いていたことがバレてしまったからです。

「でも、かわいそかねぇ。せっかく二十歳になったのに、こがん年増の裸しか見ることができんなんて」

私がずっと一人で親の仕事を手伝っていることも伯母は知っています。結婚どころかまったく女に縁がないことも、とっくに見抜いていたはずです。

何やら意味深な目で私を見たかと思うと、こんな驚くようなことを口にしました。

「じゃあ、私が女の抱き方を教えてやろうかねぇ……」

そう言ったかと思うと、バスタオルを捨てて私に抱きついてきたのです。

「ちょっと、冗談はやめんね」

「あら、冗談じゃなかよ。昔はね、嫁が来てくれん男はこうして親族の女が相手してやったとよ。それぐらい知っとるでしょう」

確かにこの村の古い風習は知っていましたが、あくまで昔の話です。いまの時代では結婚もできないし、近親相姦をしてはいけないこともわかっています。

しかし私の股間はすでに爆発寸前でした。むっちりした伯母の体に密着され、体温とやわらかさが伝わってくるのです。

そればかりか、伯母の手が私の股間に伸びてきたかと思うと、ズボンのふくらみをなで回してきました。

「あっ……!」

私が驚いて腰を引こうとするのを、伯母の手が引き止めました。

そのままゆっくりとした手つきで股間をさすってきます。

ズボン越しにですが、ペニスをさわられる刺激に腰がふるえそうになりました。もう私はその場から一歩も動くことができません。

「ね、気持ちよかでしょう?」

「うん……」

顔を耳元まで近づけてささやかれ、私はそう返事をするしかありませんでした。

しばらくすると、私も伯母の体をさわれるようになってきました。最初は遠慮しながら腰やお腹をさすり、少しずつ胸へ手を近づけました。

「そがん遠慮せんで、好きなだけおっぱいもさわってよかよ」

その言葉で、ようやく胸の片方をわしづかみにできました。

手のひらで感じるふくらみは、かなりのやわらかさです。こんなにも弾力があって中身が詰まっているのかと、私はじっくり感触を確かめました。

「女の体をさわるときは、もっと優しくせんといかんよ」

「あっ、ごめん」

なにしろ、さわってみたくてたまらなかった伯母の胸です。つい手に力が入ってしまうのも仕方ありませんでした。

そうやって伯母は、私に女の体の扱いかたをていねいに教えてくれました。

「乳首もあんまり強くつまんだらいかんよ。優しくさわってみなっせ」

言われるままに、小指くらいの大きさがある乳首をつまんでみました。

簡単に押し潰せないような硬さがあり、コリコリしています。痛くならないように、指を慎重に動かして伯母の顔をうかがいました。

「ふふっ、そうそう。上手(うま)かよ」

ほめられた私はうれしくなり、興奮もいちだんと膨れ上がります。

手でさわってみたあとは、口で愛撫をするよう言われました。腰を屈めて胸に顔を近づけ、乳首を口に含みました。

石鹸のいい匂いに包まれながら、乳首を舌でこね回して吸い上げます。やり方もわからずに、ひたすらそれを繰り返しました。

しばらくすると、伯母の口から「んんっ……」と甘い声が出てきました。

「やぁ、もう。そんな強ぅ吸って……優しくせんといかんって言ったでしょう」

伯母はそう言っていましたが、明らかに強く吸ったほうが感じています。

少しずつ私にも伯母の体のことがわかってきました。ただ優しく愛撫すればいいのではなく、強めの刺激にも弱いようです。

舐められている乳首も、ぷっくりととがってきていました。

ようやく私が口を離すと、伯母はとろんとした目で私を見つめています。

「あら、もうおっぱいはよかと？」

伯母は少し不満そうでしたが、私はもうそれどころではありませんでした。ズボンの内側でペニスが爆発しそうになっていたのです。居ても立ってもいられなくなった私は、その場で勢いよくズボンとパンツを脱ぎ捨てました。

「あらあら、こがん元気になって」

はちきれそうなほど勃起したペニスを、伯母は驚きの目で見ています。

「伯母ちゃんがずっと手を離さんから、さっき出そうになったとよ」

私がそう言うと、伯母は苦笑いをしていました。それぐらいで出してしまうなんて辛抱が足りないと言いたかったのでしょう。

「はいはい。豊ちゃんも気持ちようしてやるから、待っときなっせ」

伯母は私を立たせたまま、すぐ目の前に屈み込みました。

ペニスを握ると、ゆっくりとしごきはじめます。自分の手でするよりも、はるかに強い快感が押し寄せてきました。

「ああ……」

自慰しか知らない私にとっては、それだけで最高の気分でした。

ところが伯母は、さらに大胆なことを始めました。つかんだペニスの先を、すっぽりと口に含んでしまったのです。

驚いた私は思わず「えっ！」と声に出してしまいました。

「なんでそがんとこ舐めよると？」

「こんなことも知らんと？　結婚したら女の人はみんなこうするとよ」

なにしろろくに性知識もない田舎育ちの男です。成人していたにもかかわらず、当時の私はフェラチオという行為さえ知らなかったのです。

伯母は私に見せつけるように、ペニスを唇の奥へ呑み込んでみせました。

初めて味わう不思議な感触でした。生温かく濡れた口の中で、舌がうねうねと動き回っています。

最初はくすぐったく感じましたが、すぐに猛烈な快感に変わりました。

「あっ、伯母ちゃん、待って……もう、出そう」

そう私は口走りましたが、伯母は舌の動きを止めてくれません。さらにペニスの根元をつかんで、手も上下に揺すってきます。

伯母はこのまま射精させるつもりだと、ようやく私も気づきました。すでに体の奥から快感が込み上げてきています。あとは伯母の手と口の動きに身をまかせるしかありませんでした。

「ああっ……！」

ペニスを強く吸い込まれたとたんに、腰から刺激が走り抜けました。ドクドクと、溜まっていた精液が飛び出していきます。快感がやってくるたびに、何度も伯母の口の中に発射していました。

あれほどの気持ちよさは、生まれて初めてでした。まるで目の前が真っ白になるような、強烈な体験です。

どれくらいの時間が過ぎたのか、気がつくと私は、ペニスが吐き出せないように、伯母の頭を手で押さえつけていたのです。

口の中に溜まっているはずの精液は、いつの間にかなくなっていました。

「あっ、ごめん」

私は無理やり伯母に精液を呑み込ませてしまったと、そう思い込みあわてて手を離しました。

しかし、そうではありませんでした。私が手を離しても、伯母はペニスを咥えたまま放さないのです。

「ンンッ……」

鼻にかかった色っぽい声を出しながら、亀頭を舐めつづけています。射精後のペニスをきれいに掃除しているような動きでした。

こそばゆさと気持ちよさで、腰がムズムズします。

すっかりきれいになってしまったころに、ようやく伯母が口を離しました。

「たくさん出たねぇ。ビックリした」

まるで何事もなかったかのように、伯母は明るい声で私に話しかけてきました。

溜まっていたものをすべて吐き出した私は、すっかり気が抜けてしまいました。もうこれ以上は何もしなくてもいいほど満足していたのです。

「ありがとう、伯母ちゃん。気持ちよかったよ」

「なに言っとるの。これくらいで終わるわけなかでしょう」

どうやら伯母は、本気で私とセックスをするつもりのようです。私の手を引くと、布団のある部屋まで引き込みました。

「ほら、ここに座んなっせ」

急いで布団を敷いた伯母は、私を隣へ座らせました。

すでに一度射精を終えていた私は、まだ頭の中が上の空でした。

しかし伯母は、そんな私の目を覚ますかのように、目の前で足を開いてみせたのです。

「えっ、女の人のあそこって、こがんなっとったと」

私は伯母の股間に目が釘づけになっていました。

密生した陰毛の下に、ぱっくりと割れた谷間がこちらを向いています。広がったビラビラの奥には、複雑に入り組んだ穴が見えました。

正直なところ、あまりになまなましい色と形は、お世辞にもきれいだとは思えませんでした。

しかし好奇心のかたまりだった私は、逆に目が離せなくなりました。もっと近くで観察しようと、顔を近づけていたのです。

「しっかり見とかんといかんよ。ちゃんと入れる場所をわかっとかんと、まちがえてお尻の穴に入れてしまうかもしれんけんね」

「うん」

伯母は私のために、わざわざ指であそこを広げて見やすいようにしてくれました。

じっくりと観察してみると、膣の入り口がすでに濡れています。お風呂に入っていたからだと思いましたが、穴の奥から液が溢れてきているようでした。

眺めている最中もやけに穴がヒクヒクしていました。もしかして伯母は私に教えるふりをして、興奮していたのかもしれません。

ついでに指も入れさせてもらうと、ぬるぬるした穴が奥まで続いていました。

「こ……ここに入れればよかと？」

「そうよ。チ○チン入れたら腰が抜けるほど気持ちよかよ」

伯母の言葉で、私の性欲に再び火がつきました。つい先ほど射精したばかりなのに、早くもペニスは勃起していました。

指を入れている穴にペニスを挿入すれば、いったいどれほど気持ちがいいのか。それを想像すれだけで待ちきれなくなったのです。

「伯母ちゃん、早く入れさせて」

私はすぐさま伯母の体を押し倒し、無理やりにでもつながろうとしました。

もちろん避妊具なんてこの村にはありません。そもそも避妊という考えも私の頭には存在していませんでした。

「そがんあせらんでよかとに。さっき出したばっかりでしょう」

伯母も私が生で挿入しようとしているのを止めはしません。仕方なさそうにしつつも、おとなしく体を投げ出してくれました。

足を大きく広げさせると、あそこにペニスを押しつけます。しかし入り口ですべって最初の挿入は失敗してしまいました。

二度目はしっかりと穴の位置を確かめてから、ゆっくりと腰を進めました。

「あっ、入っ……た！」

挿入に成功した瞬間、私はたまらない快感を味わいました。

根元まで吸い込まれたペニスが、ぐねぐねとした穴に締めつけられています。あそこの中はやわらかいだけでなく、とても熱く感じました。

伯母が言っていたとおり、体が芯から溶けてしまいそうな気持ちよさです。

「ほら見て、ちゃんと入ったよ」

興奮していた私は、下になっている伯母に大喜びで報告しました。

しかし伯母は私のほうを見ずに、なまめかしい表情で目を閉じています。

「ああ……私も久しぶりに気持ちよかぁ」

思えば、伯母も長いこと男と交わっていなかったはずです。狭い田舎の村では浮気をすれば、すぐに噂になってしまうからです。

それだけに伯母も久々のセックスを、私と同じくらい楽しんでいたのでしょう。

もっとも、私にはそんなことを思う余裕もありません。すでに腰を動かしはじめており、ほかのものは目に入らなくなっていました。

「なんね、初めてのわりにはちゃんとできるじゃなかね。んっ、ああっ……」

伯母はそう言ってくれましたが、私がやっていたことは、ただがむしゃらに腰を振るだけです。

それでも伯母は悦んでくれるので、私は大いに張り切りました。

「どがんね、気持ちよかね?」

「うん、よかぁ……ああっ! やっ、そがんところまで……!」

私がいくら乱暴に腰を打ちつけても、伯母は喘ぎっぱなしです。あまりに大きな声を出すので、家の外にまで聞こえていたのではないでしょうか。

あそこの内側だけでなく、伯母の体は抱いた感触も最高でした。ぽっちゃりと肉づきがいいので、密着するととても気持ちいいのです。

夢中になった私は、このまま最後まで突っ走ろうと、腰の勢いを強めました。

農家育ちで体力だけはあります。どれだけ動いても疲れを感じることはありませんでした。

しかし張り切れば張り切るほど、快感も休みなく押し寄せてきます。再び射精まで追い込まれるのも時間の問題でした。

「ごめん、伯母ちゃん……また出そう！」

情けないことに、早くも私は射精してしまいそうになっていたのです。

さすがにあきれられるかと思いましたが、伯母はこう言ってくれました。

「ようがんばったね。我慢せんで、そのまま出してよかよ」

「よかと？　ほんとうに？」

確かめはしたものの、ペニスを抜いてしまう余裕なんてありません。

私は深く腰を突き入れると、歯を食いしばりました。すぐさまドッと精液を吐き出し、あとは快感に押し流されるままになりました。

「ああ……もうこれ以上、出らん」

射精後は体の力が抜けて、伯母の体の上に重なったままです。

「よしよし、これで一人前の男になったね」

伯母はまるで子どもをあやすように、下から私の頭をなでてくれました。

照れくさいような誇らしいような複雑な気分でした。このときようやく、童貞を捨てた実感も込み上げてきました。

もし相手が伯母でなければ、これほどの満足は得られなかったでしょう。経験も豊富で情が深く、セックスのよさもたっぷり教えてくれました。

そのあとも何度も何度も、伯母の家に通い相手をしてもらいました。

現在、私は生まれ育った村で親の田畑を引き継ぎ、農業をして暮らしています。残念ながら、伯母はすでに亡くなっています。しかし私は苦労の末に、どうにか村の外から嫁を迎え入れることができました。

いまでは村の暮らしもすっかり便利になり、よその土地との行き来も簡単です。村に残る近親相姦の風習を知る者も、ほとんどいなくなっています。おそらく私が体験した最後の世代でしょう。

私にとっては伯母との近親相姦は、けっして忌(い)まわしいものではありません。むしろ最高の体験だったと思っています。

病弱な母の身代わりになった私……四半世紀に渡り絶倫義父の生贄となり

加藤美菜　無職　四十九歳

私は、越後（えちご）平野の山すそで生まれ育った四十九歳になる未婚の女です。これまで誰にも言えなかったこと……きっとこれから先も誰にも言えないだろう体験について、ずっとつけてきた日記の内容を整理するかたちで告白をしてまいりたいと思います。

現在までの日記をめくりつつ、思うところから順に書いてまいります。少し長くなってしまうかもしれず、また拙（つたな）い文で恐縮ではありますが、誰かに読んでもらえたらと願って勝手ながら郵送させていただきます。

まず、前もって知っておいていただきたいのは、私が義父である昭臣（あきおみ）さんと、長らく性的な関係にあるということ。そして、それは私の意志によるものではなかったという事実です。

では、なぜ拒否しなかったのか、それどころかいまも関係を続けているとはどういうことなのかと、疑問を持たれて当然のことと思います。告白のなかでは、そのあたりの事情を中心に、自分の身に起きたことをなるべく具体的に述べてまいりたいと思います。

そうすることで、私はやっと、いまの自分をちゃんと見ることができるような気がするのです。

昨夜、また義父から部屋へ呼ばれました。もうあたりまえのことのようになってしまっていますが、私が自分の意志で彼の部屋へ行ったことは、これまで一度もありません。今年七十二歳になった昭臣さんは、母の再婚相手であり、私にとっては血の繋がっていない父になるのです。

私が母の連れ子としてこの家に来たのは、二十五年前、二十四歳のときでした。体の弱い母が職場の取引先の社長をしていた昭臣さんに見初められ、後妻として籍を入れることになったとき、母はとても喜んでいました。

雪国の女の代表のように色白でほっそりとした母は、もともときれいな人でした。ですから、本来であれば、もっと普通の恋愛だってできたはずだと思います。

しかし、生まれつき体が弱かったうえ、シングルマザーとして私を育てて四十代も半ばにさしかかったあのころには、身も心も疲れているように見えました。

きっと頼れる人が欲しかったのだと思います。写真でしか見たことはありませんが、私が生まれる前に海の事故で亡くなった精悍な父とは違い、昭臣さんはいかにも中小企業のワンマン社長という感じの威圧的な人で、脂ぎった見た目も含めて私は好きになれなかったのですが……。

母だけでなく私もいっしょに暮らすことになったのは、私が日ごろから母のこまごましたことをサポートしていたからというだけでなく、昭臣さんの希望もあってのことでした。

母のことが心配だった私は、それをありがたく思いました。でもすぐに彼のほんとうの狙いを知ることになりました。

彼は、母といっしょに、私のことも娶ったつもりになっていたのです。

夜、私たちの暮らす三十坪ほどの木造の平屋から灯りが消えたあと、寝室から洩れ聞こえてくる母の声を聞くのはつらいものでした。母は体が弱いのに、義父はネチネチと長時間に渡って母を責め立てているようでした。

当時の私には性体験がなく、具体的な行為については想像するしかありませんでしたが、母のあげている声が快感によるそれだとはどうしても思えませんでした。

そんなある夜のことです。いつものように母を泣かせていた義父が、少しすると寝室を抜け出し、私の部屋へ入ってきたのです。そして、「お母ちゃんは疲れて寝てしもうたよ。代わりに美菜が相手してくれ」と言ってきたのです。

突然のことに驚いて何も言えずにいた私は、おおい被さってきた義父に「お、お父ちゃん……何するんか」とおびえながら訴えました。すると昭臣さんは「何がお父ちゃんなもんか。血はつながってねぇんだすけ」そう言って私の寝間着をすばやく左右に引きはだけました。さらには「おう、ブリブリして美味そうだ、お母ちゃんとは全然違う」と、おもむろに乳房へ唇をつけてきたのです。

私は、父の血の影響か母ほど肌が白くありません。骨太で肉づきもいいほうです。母のような繊細な美しさはないものの、そこに父を感じることができ、自分としては誇らしく思っていました。だからこそ、こんなふうに穢されることは、我慢のできないことでした。

「い、いやだ……やめてくんなせ……」

私は義父の体を必死に押し戻そうとしました。でも義父はとても重たく、両手首をつかまれて敷布団に押さえつけられ、ベロベロと乳房や首を舐め回されるがままでいるしかありませんでした。

下腹に義父の硬くなったものが押し当てられ、私はゾッとして鳥肌を立てました。

「おう、美菜、そう騒ぐでねえ。お母ちゃんに知られてもいいのかよ」

そう言われ、ハッとして口をつぐまざるをえなくなりました。このことは、母がどう思うかだけでなく、ひいては私たちがこの家に居続けられるかどうかにまで関わることだと思い至ったのです。

絶望して力を抜くと、義父は「いい子だ。お母ちゃんに負担かけねえように、これからは美菜ががんばらんばな」と、ショーツの中に手をすべり込ませてきました。

「そう固ぁならねぇでいい……初めてってこともあるまい」

私は何も言えずに目を閉じました。すると義父は無造作にショーツを引きおろし、無理やりに脚を開かせて私の性器を舐め回してきました。

身の毛もよだつような感触に堪えていると、さらに足を大きく開かされ、布団の横にあったスタンドの灯りでそこをジロジロ観察されました。

「なんだ、おめ、おぼこ娘か」

指で性器をいじり回していた義父にそう言われ、恥ずかしさと屈辱で血が逆流するような、いたたまれなさに襲われました。

「なぁに、安心せれ、わしがちゃんと女にしてやるすけ」

言い返すこともできず歯を食いしばったまま体じゅうを舐め回され、開ける場所はすべて赤裸々に割り開かれ、表に裏に返されながらもまれ、噛まれ……気がつくと義父の顔が目の前にあり、次の瞬間、性器に痛みを覚えました。

「うっ……」

「ほうれ、これで立派な女になった。最初は痛いかもしれねえが、なに、すぐによくなる。これだけ女っぷりのいい体してるんだすけ、きっとおめはスキモノだよ」

嘲(あざけ)るように言いながら腰を動かしてこられ、性器に埋まった義父のアレが何度も抜き差しされました。

「ああっ……ううっ……」

私は自分の口を手で押さえて声を殺し、背筋をそらせて痛みに堪えようとしました。義父はそんな私の乳房を舐め吸い、首筋を舐め上げ、ときには腋の下にまで舌を這わせながら、徐々に腰の動きを速くしていきました。

体が裂けてしまうように感じられ、母が毎晩のようにこんな仕打ちに堪えていたなんて、とても信じられませんでした。

「よう締まりやがる。おぼこ娘の口開けなんて、わしも久しぶりだすけなぁ」

聞くに堪えない言葉も気にならないほど、私は必死でした。早くこの時間が過ぎ去ってほしいとばかり考え、四つん這いにさせられて後ろから貫かれたときも、ただ枕を噛んで耐えることしかできませんでした。

「おお、おお……たまらん……」

耳元でささやくように言う義父の息が荒くなり、私は再びあおむけに寝かされると、両膝の裏を押されてなおも串刺しにされました。

「名器だよ、おめのまんじょは。肉厚でムチムチしてて、へのこに絡みついてくる。ほれ、ほれ……ふっとつ濡れてるのが、自分でもわかっろう」

実際には痛みと熱さ以外の感覚がなく、何もわかりませんでした。ただ義父が「あぁ、もう出てしまいそうだ」と譫言(うわごと)のように言いはじめたときは、けっして中に出されてはいけないと思い、必死に目を見開いて首を左右に振って訴えました。

すると義父は「心配するな。わしは、子どもが作れん種なしだ。いくらブチ込んでも孕(はら)みはしねえ。ただ肌の色艶(いろつや)がよくなるだけだ。だすけほら、お母ちゃんだってあんげきれいなんだぞ。わしがまんじょを満たしてくれてるすけな」と、またおぞましいことを言いました。

そして私の唇を奪い、うめく私に体重をかけてきながら、性器の奥でドクンドクンとアレを弾けさせました。

義父が部屋を出ていったあと、私はしばらくの間、動くこともできず死体のように横たわっていました。三十分ほどたってようやく上半身を起こしてみると、性器から血と精液が溢れて布団にしみを作っていました。

この夜以来、義父は母が眠りについたあと、毎晩のように私を抱きにくるようになりました。拒否しようとすれば「わしゃ絶倫だすけ、お前が相手してくれなかったらお母ちゃんの体がもたねえようになるぞ」と脅(おど)され、結局はもてあそばれるしかありませんでした。

昼間、私は工場で働いていましたが、作業の間につい夜のことを考えてしまい、ミスを重ねるようになりました。「どうしたんだ、何かあったか？」と優しく心配してくれる方もいましたが、とても口に出せるものではありません。

私は「なんでもありません。少し疲れてるのかも」とごまかして、必死に作業に集中しようと努めました。

それでも、帰宅して夜になれば、またあの地獄の時間がやってくるのです。

最初の数回は痛いばかりであったものが、少しずつ別の感覚が芽生え、自分が変わっていくのを感じるとき、私はますます悲痛な思いに襲われました。

義父に体をむさぼられながら、気がつくと、小さな喘ぎ声を洩らしてしまっていることがあるのです。それが義父の言っていた「よくなる」ということなのかどうか……わからないまま、とにかく拒絶したいとの思いが募りました。

しかし、そんな夜を重ねるうちに痛みを覚えることは完全になくなり、くすぐったさに堪えられるようになった代わりに、全身が熱を帯びるようになりました。そして意志とは関係のない淫らな反応があらわれてしまうようになったのです。

舐め吸われるうちに硬くとがってくる乳首や、汗ばんでくる肌、最初はあんなに大きいと感じていたアレをスムーズに迎えてしまう性器……。

「ほうれ、もうバカになじんできたようでねっか」

義父に指摘され、否定しようにも頭が真っ白になっていくような瞬間もありました。

「ああっ……あぁっ……」

「ふふふ、気持ちいいからってあんまり声出すと、お母ちゃんが起きちまうぞ」

まさか気持ちいいだなんてと思いつつ、私は確かに、女としての悦びに目覚めはじめていたのだと思います。これは相手が誰だとか、どういう状況だとかということは、ある部分ではまったく関係がありませんでした。

二十代も後半になり、子どもを作る適齢期になった体は、本能としてそうした刺激や交わりを求めてしまうものなのです。私はその本能と意志との矛盾に引き裂かれ、苦悶（くもん）のなかで業火に焼かれているようでした。

そんな私を見た義父は、「どんどん色気が出てくるな」と、ますます陰湿に、ネチネチと責めなぶってくるようになりました。

これ以上舐められたら……これ以上突かれたら……私は私でなくなってしまう……。そういう恐ろしい境界線に何度も迫り、そのたびに私は耐えました。それでも義父は責めることをやめず、いつまでも飽きることなく延々と私を苛（さいな）むのです。

そんな折のこと、義父が硬く膨れたアレを私の口に捩（ね）じ込んできました。

「んむぅっ！」

フェラチオという行為があることは知っていましたが、あまりの異常さに涙が出ました。愛し合う男女の間であれば、それはもしかすると心楽しく夢見るような行為なのかもしれません。

でも、虫唾（むしず）が走るほど嫌いな義父のそれを口に押し込まれるなんて……。

「ていねいに舐めるんだ……舌ぁ絡めて……そう、しゃぶれ。もっと強う……いいぞ、お母ちゃんはこれが苦手でな……顎が痛うなっちまうそうだ。おめはできるな」

頭を押さえつけられ、ときに咽喉のほうまで突っ込まれました。私が戻しそうになると、義父は「咽喉で締めろ」と言い、腰を前後に動かしました。

鬼ではないかと思いつつ、顔を涙とよだれまみれにして言われたとおりにしました。すると次の瞬間、昭臣さんのアレが口の中で脈を打ち、精液が口いっぱいに満ちたのです。すぐに吐き出そうとしましたが、義父は私の頭を押さえつけたまま、まだ咽喉の奥まで先端を押し入れてきました。

「ぐむっ……むうっ……」

目の前がチカチカするような息苦しさと、生臭さ……こんな行為が性愛のそれとして実在するということが、やはり信じられませんでした。

このころから義父は私に「わしのことは昭臣さんと呼べ」と言うようになりました。それまで私は義父のことを「お父ちゃん」と呼ぶように心がけていたのです。そうしたほうが母との関係性から言っても穏当だと思ったからでした。

母の手前もあり、いやで仕方ありませんでしたが、この家で義父に逆らうことはできず、渋々名前で呼ぶようになりました。

いっそ逃げてしまおうかと何度も考えました。でも、私が逃げて母を一人にするわけにはいきませんでした。

やはり私が堪えるしかない……そう思って昭臣さんに抱かれていたある夜、母が眠っているはずの寝室から、歯を食いしばるような嗚咽の声が洩れ聞こえてきました。いつからだったのかはわかりませんが、母は気づいていたのです。

思えば、私が知らずしらずにあげてしまっている声も、以前よりずっと大きくなってしまっていました。抱かれれば抱かれるほどに、体が勝手な反応を示してしまい、理性がどこかへ行ってしまいそうになるのです。

知ってたんだ……きっと、ずっと前から……。

私の気持ちは複雑でした。母を悲しませてしまった罪悪感がわいてくるのと同時に、なぜ知っているのに何も言ってくれなかったのかという疑問も首をもたげてきたのです。娘を差し出してまでもこの男の助けが必要なのか……やはり私たち母娘は、この家を出ては生きていくこともできないのかと。

いいえ、実際にそうなのかもしれませんでした。冬は雪に閉ざされてしまうこの狭いコミュニティのなかでは、強い権力を持っている義父に睨まれては、まともに暮らしていけないような気がするのです。たとえ睨まれないとしても、やはり誰かの庇護を受けずには立ち行かないように思えました。

生まれてからずっとこの土地にいる私たちにとって、この小さな社会は、世界のすべてでした。

もしかしたらそんなことはないのではないかと思いながらも、やはり私はどこへも行けませんでした。そしていつしか、母が聞いているのを承知で、声を抑えることも忘れて昭臣さんに抱かれるようになりました。

義父とのこうした問題について、母と話したことは一度もありません。どう話そうともつらくなるばかりですし、そもそも、血がつながっていないとはいえ、親子の淫らな関係のことなど口にすることすらはばかられました。ですから、お互いに気づいていないふりをしつづけ、何事もないかのようにむなしい演技を繰り返すほかはありませんでした。

女同士というのは、こういうときに嘘を貫き通せてしまうのです。

三十歳のとき、十代のころからずっと勤めていた工場を辞めました。もしかしたらいずれ家を出るときに役立つだろうと思って貯めていたお金も、これで中途半端な額のままになりました。

母がこの家にいたがっている以上、私はひとり立ちすることも、結婚することもできないのです。誰にも相談せずに決めたことでしたが、皮肉なことに、この家にいる限り生活に困ることはありませんでした。

そうして四十代も終わりにさしかかったいま、七十代になった義父に以前とあまり変わらぬペースで抱かれ、むしろ本妻のようになってしまっている私がいます。

かつて義父が言っていたように、私は「スキモノ」なのかもしれません。二十代の終わりのころにはもう、肉の疼きを自覚するようになっていました。

当時は工場に勤めていましたから、昼間、妙な昂(たかぶ)りを覚えたときには職場のトイレで自慰にふけったこともありました。

気持ちのうえでは義父を嫌悪しているのに、体は常にほてってったようになっていて、そういえばそのころ、よく職場の人からも「色っぽくなったね」と言われるようになりました。

初めて絶頂を知ったのはいつだったか……。

夜になり、義父に貫かれながら「あぁ、イクッ……イクッ！」と、誰にそんな言葉を教わったわけでもないのに叫び、下腹がキュウッと縮まるような感覚のなかで、我知らず腰を動かすようになりました。

そんなとき、頭の中は真っ白で、体だけが別の生き物のように猛(たけ)っていました。

自ら「絶倫」と言っていたように、義父は私がそうなってからも休まず行為を延長させ、いったい何度目かなどと数えることもできないほどに私を狂わせつづけました。
私にとって、そうしたことは、もう生活の一部になっていました。

母と義父が寝室を別にしたのは私が三十歳を過ぎたころでした。

その一時期、母が具合を悪くしたのです。

私が義父の部屋へ呼ばれるようになったのはそれからでした。

たとえ呼ばれて行くのだとしても、義父のほうから私の部屋へ押し入ってくるのと、私が彼の部屋へ足を運ぶのとでは、気持ちのありようが異なります。

私はイヤでした。でも、行かないわけにはいきませんでした。

義父の部屋に入ると、彼は私に自分の全身を舐めるように命じ、フェラチオはもちろんのこと、足の指や、ときには肛門まで舐めさせました。

犬のような格好で舌を這わせていると、彼の手が伸びてきて、乳房や性器をネチネチともてあそばれました。

そうして「おめはほんとうに淫らな女に育った」「この家に来てよかったろう。並の男では、おめを満足させることなんか絶対にできねえぞ」「ほれ、こんげ欲しがってよう」などと、言葉でも辱(はずかし)められながら性器の中へ指を差し込まれて……。

いつもそうでした。部屋に入って十分ほどもすると、私は淫らな声をあげずにはいられなくなってしまうのです。

世の中の女がみんなこうなのか、それとも私だけが淫らなのか……確かめようもないままに、でも、私は確かにある種の悦びを感じていたのだと思います。

襖（ふすま）を二枚ほど挟んだ部屋で母が聞いているのに違いないのに、ときには義父の名を叫び、「もっと！　もっと！」と、より強い刺激を自分からせがむようなことすらあったのです。

最近では、さすがに年をとってぜい肉が落ちた義父を「餓鬼」のようだと感じ、嫌悪しながらも恐れ入ってしまうことがあります。骨ばった体のどこにそんな力があるのか、あいもかわらずエネルギッシュに私を求めてきます。

「おめのおかげで、わしも長生きができるとさ」

笑って言いながら乳房をねぶり、蜜を吸うようにあそこへ顔を埋（うず）めてくる義父のアレは、七十代とは思えないほど硬くそり返ってヨダレを垂らしているのです。

私も五十近くになり、もうウブなところなどどこにも残っていない熟女になってしまいました。ただ、自分で言うのははばかられますが、肌の色艶は同年代の女よりもずっとよく、我ながらイヤらしいとまで思うことがあります。

若いころ、義父に「心配するな。わしは、子どもが作れん種なしだ。いくらブチ込んでも孕みはしねえ。ただ肌の色艶がよくなるだけだ」と言われたこと……嘘だと思っていましたが、ほんとうだったのだと認めないわけにはいきません。

昨夜も私は義父に組み敷かれ、ネチネチと責められて何度も絶頂に達しました。もう重たくなくなった彼の体を下から抱き締め、太腿を腰に回して引きつけながら、自分で骨盤をクイクイと傾けて快感をむさぼりました。

私の顔は、義父のよだれでベトベトになっていました。

若いころはいやで仕方なかったあれこれが、いまではまったくあたりまえのことになり、喜ばしいとまでは言わないまでも、もしかしたら必要なものにまでなってしまっているような気がします。

「いいか美菜、ワシのへのこは……うんといいか？」

「ああっ……もっと……もっと奥までかき回してくんなせ……」

「いきそうか？　どうだ、どんどんようなってきたか？」

「まだまだ……もっと強う突いて……奥までメチャクチャにして……」

「ふふふふ……お母ちゃんだったら、いまころは泡吹いたったろうよ。おめは親孝行したなぁ」

いったい何が親孝行なのか、これがほんとうに親孝行なのか……いまの私は真剣に考えることもありません。ただ、ほんのときどき、ほんとうのお父ちゃんにもらったこの体を穢されつづけてきたことに、心の奥底で口惜しさを覚えることがあるばかりです。

「ああ、いいまんじょだ……ヤレばヤルほどようなってくる……おぼこ娘だったあのころよりもよう締まる」

「そ、そこ……そこ気持ちいい……イキそう……ああっ、ダメッ……も、もう……イクッ、イクイクイクゥ！」

「まだまだ欲しいんだろう？　それそれ……何度でも気ぃ遣るがいい」

「ああぁっ……おかしなる……おかしなってしまう！」

「おかしなればいい……そんげなおめが、かわいいんだ……わしのへのこでおかしなっちまう美菜がな」

私はグウッと背をそらせてわななきました。すると、義父は上体を起こして私の体を横向きにねじり、片脚を抱えるようにして腰を強く打ちつけてきました。

長く硬いアレの先端が子宮に当たり、グングンと突いてきて、私は獣のような声をほとばしらせました。

これほどの大声になれば、母の部屋どころか、家の外にまで響いていたかもしれません。

「アアッ、イイッ……気持ちイイッ！」

母とすれば、万が一誰かに聞かれて、それを自分の声だと思われたりしたらたまったものではない心地だったのではないでしょうか。なのに私はそんな考えに思い至ることもなく、ひたすらに夢中で絶頂を繰り返してしまっていました。

義父が、わずかに残っている白髪から汗のしずくを垂らし、鬼気迫る表情で「おい、出すぞ！　美菜……ああ、ああっ、で、出るっ！」と叫んでアレを弾けさせました。

「いいいぃぃっ！」

私は断末魔の声をあげ、伸ばした脚を突っ張らせ、義父が最後の一滴を打ち放つまで、ビクンビクンと我が身を波打たせつづけました。

その余韻はいまもまだ、こうして机に向かっている間も、私をしびれさせているのです。

救いと言えば、一時期ほどは母の具合が悪くなっていないことくらいでしょうか。

義父が言っていたように、私が身代わりになることで、母は確かに楽になっていたのかもしれません。

とはいえ私の人生は……私はこのまま、寒くて何もないこの土地で、ただの生贄として埋もれていくほかはないのでしょうか。

こうして振り返ってみれば、私自身が意志薄弱で、怠惰だったということがよくわかりました。ですから、助けてほしいなどとは言いません。ただ、せめて誰かに背中を押してもらえたら……そう思わないではいられないのです。

妻の死で無気力になった私を慰める姉熟れた五十路マ○コに禁断の生挿入！

並木幸雄　自営業　五十三歳

私は大手不動産販売会社の営業をしていたのですが、五年前に早期退職者募集の呼びかけに応じました。

当時は、それなりの役職についていたのですが、大学を出てから同じ会社で働きつづけ、いろいろと仕事に疲れていたことがいちばんの理由です。それに加えて、妻の早苗の強い意向もあって、彼女の趣味の園芸を生かしたフラワーガーデンのあるペンションを経営したいと考えていたのです。

仕事柄、多くの売り物を見る機会もあり、山梨の八ヶ岳に格好の物件も見つけることができました。そして半年をかけて、改修したあとに小ぢんまりとしたペンションを開業したのでした。これも、子どもがいなかったからできた決断だと思います。

夫婦二人で切り回せる規模の小さなペンションですから、当初は商売としてはまるで成り立ちませんでしたが、退職金や貯金がありましたので焦りはしませんでした。なにより、花の世話をして上機嫌の妻を見ているだけで満足だったのです。

やがて口コミなどで知ったお客さんもついてくれるようになって、少しずつですが経営も軌道に乗り、充実感も感じるようになっていました。

しかし、二年前に妻ががんで急死してしまい、自分一人ではやっていけるはずもなく、せっかくのペンションでしたが廃業することになってしまったのです。

当然、売却することも考えましたが、亡くなったばかりの妻を思うと踏ん切りもつかず、それからはズルズルとさびしい八ヶ岳山麓（さんろく）の田舎町に一人暮らしを続けていました。

妻の思い出が、などと言いながらも、彼女が丹誠込めて手入れをしていたフラワーガーデンも荒れるに任せるほどの、無気力状態でした。

何もする気も起きず、ただぼんやりと毎日を送っていた去年の秋の週末のことです。昼食をすませたあとで陽も高いけれど、酒でも飲みはじめようかと考えていたところに、ペンションの電話が鳴りました。古いガイドブックには、まだうちのペンションの紹介記事と連絡先が載っていて、電話をかけてくるお客さんを断ることがあったのです。

うんざりした気分で電話に出てみると、相手は二つ年上の姉の直子でした。もうペンションはやっていないのを知っているはずなのに、一方的に「いまから二人で泊まりにいくから、準備しておいて」と言う姉の申し出を、私は渋々受け入れました。

私たちは二人姉弟ですが、正直に言ってこの姉が昔から苦手でした。けっして悪い人間ではないのですが、おせっかいで一度言い出したらきかないところがあり、子どものころから私はずいぶんと振り回されたものです。

いまは看護師をしている姉ですが、性格を考えると案外と向いているのかもしれません。

ともかくそんな姉ですから、結婚生活もなかなかうまくいかず現在バツ2です。けれど、私と同じく子どもはおらず、そのせいか胸の張り出した崩れていないスタイルとハッキリとした顔立ちは、弟の目から見ても若々しく見えました。

また、聞くところによると甘えじょうずなそうで、一年前に法事で会ったあとの酒席で、言い寄る男に不自由しないと酔って自慢されたことを覚えています。

ですから、連れというのはてっきり男だろうと思ったのでした。

私は少しバカバカしい気分ながらも、客室の掃除やベッドメーキング、浴室の掃除利を踏むタイヤの音が聞こえました。

を手早くすませました。久しぶりに体を動かした充実感を味わいながら、窓の外を見ると夕陽が山陰に沈むころあいです。そのとき、ペンションの外の駐車スペースの砂利を踏むタイヤの音が聞こえました。

意外なことに、姉の連れは女性でした。聞けば同じ病院で働く後輩看護師で、女性二人で東京から紅葉目当てのドライブに来て、急に私のことを思い出したのだそうです。

連れの女性のことを、姉は苗字ではなく「瑞穂(みずほ)ちゃん」と下の名前で親しげに呼んでいました。このあたりの馴れなれしさというか、距離感のとり方もいかにも姉らしいなと思いました。

小柄で地味ながらもととのった顔立ちの瑞穂さんは口数も少なく、見た目も性格も姉とは正反対の印象を持ちました。どことなく、亡くなった妻の早苗に似ているような感じもします。

食事は外ですませてきたという二人は、風呂を使うことになり、私はその間に特産のチーズやヤマメの燻製(くんせい)、甲州ワインなど軽食の準備を始めました。

瑞穂さんはともかく、酒好きの姉のことですから、そのくらいの準備をしておかなければ不満を洩らすことはわかりきっていたのです。

　ほどなくして、お客さん用の暖炉に応接セットのある談話室に、姉が先に戻ってきました。黒に近い栗色に染めた濡れ髪を後ろでまとめパジャマを着た姉は、ソファに座ると低いテーブル上の赤ワインの瓶にさっそく手を伸ばします。

　パジャマは寝間着を準備してこなかった女性のお客様用で、めったに使わないものでした。そのために気がつかなかったのですが、大柄な姉には小さすぎたようです。コットン生地が体にピッタリと張りつき、年のわりにぜい肉のついていない体のラインを際立たせています。

「このパジャマ、ちょっと窮屈ね」

　姉は無造作に胸元のボタンを一つはずしました。おかげで胸の谷間が露になりました。それだけではありません、生地越しにノーブラの乳首の突起が浮き上がっていたのです。

　ドキリとした私は思わず目を逸らしましたが、いまの光景が目に焼きつきました。同時に、昔から姉は私の前でも平気で下着姿やTシャツにノーブラで、うろついていたことを思い出しました。そんな夜は、決まってそんな姉の妄想でオナニーをしたものです。

若いころは、そしていまも、姉は弟の目から見ても、一人の女性としてそれほどに魅力的でした。

「男用のパジャマ、持ってこようか？」

「面倒だからこれでいいわ」

姉は無頓着に言うと、目のやり場に困っていた私にワインを勧めます。そこに瑞穂さんが入ってきたので、正直、助かった気持ちになったのでした。

それからの酒宴は元から積極的な姉が話題をリードし、意外なほど盛り上がりました。酒の酔いも加わり、おかげで実の姉に対する気持ちの揺れを一時的に忘れることができました。それでも、ときどき姉と瑞穂さんが私を見てから、何やら二人で内緒話をしているのが妙に気にはなったのですが……。

そんなこんなで三時間近く飲んでいたでしょうか、あまりお酒に強くないと言っていた瑞穂さんが、眠くなったからと、あてがわれた部屋に引き上げました。

私も、それに続いて部屋に戻って寝ようと思ったそのときです。ワインから地ブランデーの水割りに変えていた姉が甘え声を出しました。

「私はもう少し飲みたいのよね、つきあいなさいよ。ちょっと話もあるし……」

「話って？」

「ねえねえ、瑞穂ちゃんて早苗ちゃんに似てると思わない？」

いったい何を言い出すのかと思いながら、私はまたソファに腰をおろします。

「まあ、そんな気もしなくはないけど」

「たまたま思いついて、あなたのペンションに来たってのは彼女への口実で、ほんとうは、あなたたちがくっつけばいいなと思って連れてきたんだよね」

「え？」

「早苗さんに似ている瑞穂ちゃんって、あなたの好みのタイプでしょ？　でも、私も知らなかったんだけど、瑞穂ちゃんのほうはつきあっている彼氏がいるみたい。残念だったわねー」

姉は残念だという言葉とは裏腹に、ケラケラと笑っています。

ときどき、女二人でヒソヒソ話していたのは、このことだったのかと、私は悟りました。同時に、私の姉に対する溜まったものが爆発したのです。

「誰もそんなこと頼んでないだろ、お節介がすぎるよ！　それに、早苗のことを引き合いに出すのは、無神経だろ！」

私はそれだけ言い捨てると、談話室を出て自室に戻ったのでした。

ベッドに横になっても、私はなかなか眠りにつけませんでした。

姉への腹立たしさは、依然残っています。その一方で、カッとして思わず怒鳴りつけた自分にも、嫌悪感を覚えていました。

明朝、顔を合わせても姉のことだから、酒の席でのことだとケロリとしている気もしますが、私のほうにはわだかまりが残っていることでしょう。

一時間もそんなことを考えていたでしょうか、私が壁に向かって寝返りを打ったそのときでした。薄く開く音がしたドアの向こうから、小声が聞こえてきたのです。

「ねえ、幸雄、まだ怒ってる？」

「少しね。でも、もういいよ。姉ちゃんも悪気があったわけじゃないし」

私は壁のほうを向いたまま、面倒くさそうに返事をしました。

「それを聞いて安心したわ」

姉の声に、ホッとした調子が混ざりました。

これで一件落着だと思った私は、てっきりそのまま寝室に戻ると思いました。ところが姉は、部屋に入ってくるなりカーテンを開けました。

「え？　何？」

ぼんやりと月明かりが差し込む窓を背にした姉は、いきなりパジャマのボタンに手をかけてその場に脱ぎ捨てました。

淡い明かりのなか、引き締まった上半身と釣り鐘型の乳房、そして上を向いた乳首が露になります。

「これって、幸雄の気分を害したおわびのつもりじゃないのよ。勘違いしないでね」

微笑を浮かべた姉は、さらにパジャマのズボンを落とし、黒レースのショーツ一枚だけになったのです。

「じゃ、じゃあ、どんなつもりだよ？」

「早苗ちゃんが亡くなってから、ずっとこんな田舎に引きこもってるって聞いたから、姉としてあなたを元気づけたかったのよ。瑞穂ちゃんはあてがはずれたけど、だったら私がって思ったわけ」

そう言いながら、姉はベッドに横座りになって、私のパジャマとトランクスをいっしょに脱がせにかかりました。

「ちょっと、姉ちゃん！」

正直、夢かと思いました。姉に対する妄想がよみがえった私のあの部分は、すでに硬くなり天を向いています。おかげで引っかかったトランクスを、苦労して脱がせた姉は、首をすくめで笑いました。

「こんなになっちゃってるのに、いまさら何を言ってるのよ」

そのひと言で理性が飛び、一人の男になる決意を固めた私は、姉を荒々しく抱き寄せました。

「姉ちゃん！」

渇望していた姉の乳房にむしゃぶりついた私のあの部分が、姉の下腹に押しつけられます。私の髪をなでながら、姉は耳元でささやきました。

「そんなにあわてちゃだめ」

私が腕の力を抜くと、姉は私のパジャマの上着を脱がせ、乳首を舌先でつつきます。くすぐったいような快感が、頭のてっぺんからあの部分の先端まで走り、私はきつく目をつむり歯を食いしばりました。

「うっ」

姉の舌先は小さく円を描きながら、胸全体、脇腹と這い回ります。そのたびに私は、まるで立場が逆の女性のように快感の吐息を洩らし、体をこわばらせました。

やがて、姉の顔はじらしながら私のあの部分に近づきます。

私のモノの根元を軽く握った姉は、突然、顔を上げ、うわずった声で言いました。

「あんた、こんなに立派なものを持ってたのね。私も男の人と結構つきあったことあるけど、こんなの見たことないわ。いままでいちばん身近にいたのに、全然知らなかった」

「そ、そうかな」

目を開け半身を起こした私と姉は、ベッドの上で顔を見合わせる格好になりました。酔いも加わってたことを考えても、とろんとうるんだ姉の目は、これまでの姉弟の関係のなかでは見たことのなかったものです。

姉も欲情してるのだと直感した私から、まだ心のどこかに残っていたタブーに対するわだかまりが、完全に消え去りました。

姉も、姉としてではなく一人の女として私に接しているのです。いまは互いを求め合う、男と女にすぎません。

「幸雄のって、太くて硬くて、ものすごく逞しい。ほんとうにすごいと思う」

確かに、これまで女性から何度か似たことを言われたことがあります。

そのとき、不意に亡くなった早苗のことが思い浮かびました。早苗とは大学の先輩後輩の関係だったのですが、最初のころはなかなか入らなくて苦労したものです。それどころか結婚してからの夜の営みでも、ときに苦痛を訴えられたことさえありました。

けれど私は、かつての最愛の妻の面影を、苦労して頭の中から消し去りました。いまは、一人の女となった姉とひとつになり悦ばせたいという欲求が、私を動かしていたのです。

再び姉を抱き締め、あおむけにした私は、唇を合わせ舌をからめました。

さらに、今度は姉が私にした愛撫そのままに、桜桃を思わせる乳首を舌先で円を描くように刺激します。

「あっ！」

姉はシーツを握りしめ、体をヒクリとふるわせました。

二人は攻守交代のかたちとなり、姉の耳たぶ、脇の下から脇腹、そして黒いレースショーツのすぐ上のラインに沿ってと、私はていねいに舌先を移動させます。そのたびに姉は、短い声を洩らし、体をヒクリ、ヒクリとふるわせました。

しばらくそうしたあと、ついに私はショーツに手をかけ、果物の皮を剝く感じで一気にずりおろします。

姉もそれを待っていたように、長い脚を広げました。

差し込む月明かりのなか、姉の女の部分が惜しげもなく私の目前にさらされました。

私は躊躇（ちゅうちょ）することなく、濃いめの茂みと、その中央でわずかに口を開き赤みを帯びた内部を見せている粘膜の谷間に舌先を近づけます。

すでに濡れている女の部分から、姉の匂いが立ち上りました。どちらかと言えば控え目な匂いですが、ごくかすかに消毒薬のそれが混ざっている気がしたのは、看護師という職業のせいかもしれません。

頭の隅でそんなことを考えながらも、私は姉のその部分に舌と指を使いつづけました。

そして、敏感な突起の鞘を指で広げ、舌先でつついた瞬間です、姉は急に腰を浮かせて、せっぱ詰まった声を絞り出したのです。

「待って、ちょっと待ってよ」

「痛いの？」

「違うわ、もう幸雄のが欲しくてたまらないの」

こちらにとっても、願ってもない提案でした。

私は姉におおい被さると、痛いほど硬くなったモノを握り、ぬめった粘膜部分に先端をあてがいます。

そのまま腰を進めましたが、先端が姉の濡れた谷間を広げるところまでは進むのですが、それ以上は入りません。

「なかなか、入らないよ」

「あせらないで」

私は何度も、腰を引いてはまた進むという動きを繰り返しました。そのたびに頭の部分が温かさに包まれ、姉も短く声を出します。

そんなことが何度続いたでしょうか、不意にしびれるような快感が私の体じゅうを駆け抜けました。

「あっ、ああっ！」

私はうめき声とともに限界を迎えてしまったのです。

ちょうど、腰を引いたタイミングだったので、私の発射した白い粘液は、姉の茂みの部分にまき散らされました。

姉は、放心した表情を浮かべてしばらくそのままの姿勢で天井を見上げながら、口を開きました。

「幸雄は久しぶりだったんでしょ？」

「う、うん」

「じゃあ、仕方ないよ」

確かに、早苗が亡くなってから女性にふれたことはありませんでした。けれど、そんなことが理由でないことは、自分がいちばん知っていました。

相手が姉だから、そして、先端だけとはいえ姉のあの部分の温かさを感じたから、我慢できなかったのです。

突然、姉が体を起こして、ドクンドクンとまだ断続的に白い粘液を吹き出している私のモノを握りました。

「え？」

「じっとしてて」

ふだんの姉らしい口調で、いきなり私のモノに顔を近づけ、まとわりついた粘液を舌で舐めとりはじめました。

すぐに、新たな快感が私を襲いはじめます。

「姉ちゃん？」

ピチャピチャといやらしい音を響かせ、その行為を続けていた姉は、やっと舌を離すと含み笑いしながら、言いました。

「幸雄の味と匂いがして、興奮しちゃう」

そのころには、発射したばかりだというのに、私のモノは前にも増して力強く脈打っていたのです。

再び私と姉は、男女としての第二ラウンドに突入しました。

「今度は私が上になるね」

「うん」

姉は、唾液でベトベトになった私のモノの根元を握ると、自分の濡れた粘膜の谷間に先端をあてがいます。

大きく脚を広げて跨った格好になった姉は、少しずつ腰を落としました。さっきと同じように、頭の部分だけが温かさと柔らかさに包まれます。

「ううっ、うっ」

目を閉じて眉を寄せた姉は、そこで思いきって一気に腰を落としました。

ヌルリというぬめった感触と、強引に粘膜を押し広げる感触が混ざり合い、私のモノは姉の中に入り込んでいきます。

その瞬間、姉は絶叫しました。

「あーっ！　すごい！　奥まで入ってるぅ！」

「姉ちゃん！」

姉は、ゆっくりと腰を上下させながら頭を振ります。

後ろでまとめていた姉の髪が解け、顔を半分隠しましたが、構わず動きつづけました。二人がつながった部分からは、ヌチョッ、ヌチョッと湿った音が響きます。

けれど、すぐにその音は、姉の絶叫にかき消されました。

「だめっ！　イッちゃう！　もう、イッちゃうからぁ！」

ただでさえ窮屈だった姉の粘膜の内部がさらに狭まり、私のモノを絞り上げます。

それに合わせて姉は、自分の胸を両腕で抱き締めるようにして、頭を前後に振ってガクガクと体を揺らしました。

そして、私の上に体を突っ伏して、荒い呼吸をついたのです。

その間、姉の内部も呼吸するように締めつけたりゆるんだりを繰り返します。まるで、女のあの部分で私のモノをマッサージするかのようなその快感を味わいながら、私は姉の耳元にささやきました。

「今度は我慢できたよ」

返事も待たず、私はつながったまま姉を持ち上げて姿勢を変え、今度は私が上になります。

「もう少し待って、まだ私、体が落ち着いてない」

「姉ちゃんだって、さっきは俺がイッたばかりなのに、無理やり続けさせたじゃないか。これでおあいこだよ」

そう言うと、私は意識して激しく動きました。

つながった男のモノと女のあの部分が響かせる湿った音と、姉の絶叫が重なります。

「あーっ！　またすぐイッちゃうぅ！　だめだめだめぇ！」

私に突かれた姉は、ベッドの上でずり上がっていきましたが、私は動きを止めませんでした。

頭の片隅に、叫びといってもよいくらいの姉の大きな喘ぎ声が、瑞穂さんの耳にまで伝わってはいないだろうかという心配がよぎりました。そうなると、彼女に近親相姦を悟られてしまうことになります。

けれどすぐに、それでもかまわないと私は思い直しました。いまの私たちは、姉弟であっても、それ以上に男と女なのですから。

互いに求め合うことは、自然なことであり、他人に何を言われようが関係ないという心境になっていたのです。

そんなことを考えているうちに、また姉の内部がまるで意志を持っているように動きはじめました。

気がつくと姉は、私の背中に腕を回し強く抱き寄せています。

私のモノを包み込み、締めつける快感も強烈でしたが、むしろ姉との一体感が、再度の限界を私にもたらしました。

「イクよ、姉ちゃん！」

「私も、私もイクぅ！」

気が遠くなるような快感と多幸感のなか、私は二度目とは思えないほど大量の精液を姉の中に注ぎ込んだのでした。

翌朝、ベッドの上で乱れたシーツを体に巻きつけた姉は、さすがにバツの悪そうな表情で言いました。

「少しは元気出た？」

あれから私と姉は、さらに二度愛し合っていました。

「うん」

「女の人っていいもんでしょ？　早苗さんを忘れろとは言わないけど、幸雄もそろそろ次のパートナーを探してもいいと思うのよね。そのためには、引きこもってないで動き出さなきゃ」

昨夜のことは、不器用だけれど姉なりに私を元気づけようとしてのことだと、もうわかっていました。

「ありがとう、姉ちゃん……」

「私も気持ちよかったから……でも、今回だけだからね」

姉は、少しはにかんだように微笑しました。

そのあと、起きてきた瑞穂さんと朝食をともにしましたが、酔って眠り込んでしまったとかで、私たちの行為についてはまるで気づいていなかったようです。


姉との一夜で吹っ切れた気分になってから、一年が過ぎました。

私はまた働く意欲が生まれ、いまではサラリーマン時代の人間関係を頼って地元の別荘地を東京で販売する仕事を始め、積極的に人と交わるようになりました。

いつか、新しい彼女ができたら、姉に真っ先に報告しようと思っています。

嫁の妊娠中に起こったエロハプニング！同居する美熟義母と背徳の潮噴き姦

栗原達樹　公務員　二十九歳

私は東海地方のある県のはずれに住んでおり、車で三十分ほどの場所にある役所に勤めています。

二つ年下の香織とは同じ職場で知り合い、二年前に結婚しました。

彼女は母一人子一人の母子家庭なので、同居というかたちをとったのですが、いまにして思えばこれがまずかったのかもしれません。

義母の多恵子さんはスポーツクラブでダンスインストラクターをしており、五十二歳という年齢にもかかわらず、腹筋バリバリの若々しい肉体で、とても魅力的な女性なんです。

これは去年、香織が出産で入院中、そしてコロナ禍でスポーツクラブが営業を自粛して、多恵子さんが家にいたときの話です。

役所は仕事の性質上、リモートワークがなかなか進まず、その日も私は出勤し、仕事終わりに香織を見舞ったあと、多恵子さんの好きなういろうを購入して帰宅の途につきました。

合鍵で自宅玄関の扉を開け、リビングに向かうと、軽快な音楽が耳に届きました。

何事かと引き戸のすき間から覗くと、義母が床にマットを敷き、ダンスを踊っていました。

肩と腹部が丸出しのショートトップスに、下腹部にぴっちり張りついたスパッツが目を射抜き、形のいいヒップと美しいボディラインに生唾を飲み込みました。

後ろから目にした限りでは三十代、いや、二十代でも通用するかもしれません。

股間の逸物がズキンと疼き、自分の意思とは無関係にペニスがスラックスの下でそり返りました。

香織の悪阻(つわり)がひどく、長い間夫婦の営みがなかったため、かなり悶々としていたのも影響したのだと思います。

多恵子さんが四つん這いの体勢から片足を後方に伸ばすと、すらりとした美脚に心臓がドキドキしました。

「あら？　帰ったの」

人の気配を察したのか、彼女が顔を向けると、私は平静を装（よそお）いながらリビングに足を踏み入れました。

「た、ただいま」

「ごめんなさいね。今日はまだトレーニングができてなくて……体をなまらせたら、仕事で困るから」

「い、いえ、そのまま続けてください。あの……おみやげです」

「え、何？」

「お義母（かあ）さんの好物、ういろうですよ」

「え、わざわざ買ってきてくれたの！　ありがとう」

「……いえ」

多恵子さんは化粧をしており、アイラインの入った切れ長の目、赤いルージュが引かれた上品な唇、そして汗でぬらついた首筋がやけに色っぽく、まともに顔を見られませんでした。

「お酒、飲むでしょ？」

「え、ええ」

「酒の肴（さかな）は、冷蔵庫の中に用意してあるわ。夕食の支度する前に、さっとシャワーだけ浴びさせて」

「ええ、もちろんです。どうぞどうぞ」

美しい義母がタオルで汗をふきながらリビングをあとにすると、とりあえずは緊張から解放されてホッとしました。

Tシャツとハーフパンツに着がえた私は、さっそく冷蔵庫からビールと多恵子さん手作りの酒の肴をテーブルに運びました。

彼女がシャワーを浴びていたのは、十分ほどだったでしょうか。

薄い部屋着に着がえた彼女がリビングに現れると、甘い匂いがふわんとただよってきて、またもや心臓が早鐘を打ちはじめました。

テレビはバラエティ番組を放送していましたが、まったく集中できず、横目で彼女の姿を延々と追っていたのではないかと思います。

「私も少し飲もうかな。いいかしら？」

「え、ええ、珍しいですね」

「喉が、カラカラに渇いちゃって」

彼女はビールとグラスを手に真向かいの席に座り、喉をコクコクと鳴らしながら一気に飲み干しました。

「あぁ……おいしいわ」

頬をポッと染めた表情がこれまた色っぽく、股間が再びピクリと反応しました。

「いよいよ、来週ね」

「え？」

「赤ちゃん、産まれるの」

「え、ええ……そうですね」

「どんなかわいい子が産まれるのか、楽しみだわ」

多恵子さんは終始にこやかな笑みを浮かべていましたが、私のほうは複雑な心境でした。

性欲のスイッチが完全に入ってしまい、ペニスが痛みを覚えるほど突っ張っていたんです。

気を逸らそうにも、ムラムラは少しも収まらず、私は椅子から腰を上げました。

「す、すみません。ちょっとお手洗いに……」

トイレで抜いたほうがいいと考え、リビングをあとにすると、今度は浴室が目に入り、よこしまな思いが頭の中を駆け巡りました。

脱衣場に置かれた洗濯機の中には、彼女の着ていたスパッツと下着が入っているはずです。汗で蒸れた衣服を思い浮かべたとたん、理性が粉々に砕け散りました。

私は浴室の引き戸を静かに開け、ついに禁断の行為に手を染めてしまったのです。

洗濯機の中から、まずはスパッツをとり出し、股布に渦巻くかぐわしい香りを胸いっぱいに吸い込みました。

続いてショーツを手にしたときの昂奮は、いまだに忘れられません。

「お、おおっ……総レース仕様だ！」

布地面積の少ないTバックショーツはとても義母がはくものとは思えず、甘ずっぱい芳香が鼻の奥をくすぐるたびにペニスがしなりました。

さっそくクロッチを剝き出しにし、レモンイエローの縦筋とグレーのシミを目にしたときは、歓喜に打ち震えたほどです。

鼻をそっと近づけると、南国果実の匂いがぷんと香り、それだけで思わず射精しそうになりました。

あれほど昂奮したのは生まれて初めてのことで、私はその場でパンツをおろし、後先を考えずに自慰行為を始めました。

「お、お、おおっ」

いざとなれば、自分の手の中で放出しようと思い、ペニスをゴシゴシしごき立てると、あっという間に快感のかたまりが風船のようにふくらみました。

「あ、あ、あ……」

放出を間近に控え、目をとろんとさせた瞬間、廊下側から足音が聞こえ、あわてて振り返ると、多恵子さんが驚きの表情で立ち尽くしていました。

「な、何してるの!?」

「あ、あ、す、すみません!」

彼女はそのまま脱衣場に入ってきてショーツを奪いとり、洗濯機の中に戻しました。

とんでもない場面を目撃されてしまった。これはたいへんなことになる。

まともな思考が吹き飛んだ瞬間、左右にプリプリと揺れるスカート越しのヒップが、目を矢のごとく射抜いたんです。

もうどうにでもなれという気持ちがなかったといえば、嘘になります。結果的に一匹の性獣と化した私は、背後から多恵子さんの体に抱きつきました。

「お義母(かあ)さん!」

「きゃっ!」

張りつめたヒップに股間の昂りをぐいぐい押しつけると、彼女は腰をよじって抵抗しました。

「こ、こら、何するの！　やめなさい」

「もう我慢できないんです！　香織とは全然してなくて、溜まりに溜まっちゃって、自分でもどうにも止まらないんです！」

「何言ってるの、そんなの知らないわ！」

「お義母さんのことが、初めて会ったときから好きだったんです！」

無茶苦茶な言いわけを口走りつつ、今度は胸をもみしだくと、多恵子さんの体から力が抜け落ちました。

「わかった……わかったわ」

「……え？」

「だから、手を離して」

言われるがまま手の力をゆるめたとたん、彼女は振り返りざま甘く睨みつけました。

てっきり張り倒されると思ったのですが、義母は股間のふくらみを手のひらでそっとなで上げたんです。

「……あっ」

快感が背筋を駆け抜け、ペニスの芯が激しくひりつきました。

「いい？　今日だけだからね……」

「はっ、はっ、え？」

「手でしてあげる。香織には、絶対に内緒だから……わかった？」

「は、はいっ！」

感動に胸を弾ませた私は、ためらうことなくハーフパンツを下着ごと引きおろしました。

ビンと弾け出たペニスはすでにそり返り、亀頭はスモモのように張りつめ、胴体には無数の青筋がびっしり浮き出ていました。

あれほどの凄まじい勃起は私自身も記憶がなく、多恵子さんもびっくりしたのか、すかさず息を呑んでいました。

明らかに目元が紅潮し、白い喉をゆるやかに波打たせていたんです。

「お、お願いします！」

義母は急に無口になり、しなやかな手を股間に伸ばしてペニスを恐るおそる握り込みました。

「む、むうっ」

あまりの快感に膝がガクガクとわななき、大量の精液が睾丸の中で暴れ回りました。

必死の形相で放出をこらえたところで、ソフトタッチのスライドが開始され、私は顔を真っ赤にして射精を耐え忍びました。

多恵子さんの顔は目と鼻の先にあり、あんなに接近したのは初めてのことでした。汗をかいているのか、首筋から甘ったるいフェロモンが放たれ、いつの間にか目がしっとりうるんでいました。

よく見ると、かすかな吐息を絶え間なくこぼし、舌先で上唇を物ほしげになぞり上げているではありませんか。

感じている！　義母も性的な昂奮に駆られ、体温を上昇させている！

旦那さんと死別してから十年、彼女は女手ひとつで娘を育ててきました。香織の話によると、恋人がいた気配は微塵(みじん)も感じなかったそうです。

押せおせで迫れば、いま以上の行為を受け入れてくれるのではないか。都合のいい思い込みにとらわれた私は、背徳的な懇願を喉の奥から絞り出しました。

「お義母さん……お、お口でしてください」

「……え？」

「チ、チ〇ポをしゃぶってください」

「そんなこと、できるわけないでしょ」

「お願いします！　この一回だけ、一回だけですから！」

あとで話を聞いたところ、私は涙目で訴えていたとのことで、あまりの真剣な表情に断りきれなかったそうです。

それはあくまで言いわけで、彼女自身の肉体にも火がついてしまい、自制心が働かなかったと考えていますが……。

「ほんとに……これっきりよ」

多恵子さんはゆっくり腰をおろし、裏茎の強靫な芯に舌を這わせました。

「ああ、ああっ」

あのときの私は、犬のように喘ぎ声を盛んに放っていたと思います。

義母のフェラチオをまたたきもせずに見つめ、快感と期待から女のように腰をくねらせていました。

「すごい……コチコチだわ」

「お、お義母さんがいけないんです。いつも若々しくて、色っぽいから」

「そんな……私のせいにされても困るわ。そんなこと言うなら、やめちゃうわよ」

「あ、やめないでください……あ、うっ」

義母はクスリと笑ったあと、ペニスに大量の唾液を滴らせ、亀頭をがっぽり咥え込みました。

「お、おぉぉっ」

顔のスライドが始まると、くぽっくぽっと淫らな水音が響き渡り、チ○ポがとろけそうな快感が身を駆け抜けました。

「い、いい、気持ちいいです」

素直な感想を告げた瞬間、首の打ち振りが速まり、精液が出口を求めてうねりくねりました。

もちろん、そのまま射精するわけにはいきませんでした。義母との淫らな行為は、その時点で終了を迎えてしまうのですから。

なまめいた唇が胴体を往復するたびに快感が上昇し、やがて多恵子さんがスカートの下に手をもぐりこませて自慰を始めたときは、心の中でガッツポーズを作りました。

いける、絶対にやれる！

そう確信した私はペニスを口から抜きとり、義母を無理やり立たせて唇にむさぼりつきました。

「あ……ン、ンぅっ」

舌を絡め、唾液をすすり上げている間も、彼女はペニスをしごいているのですから、性感は完全に覚醒したと判断しました。

キスをしている最中にシャツの第一ボタンをはずし、合わせ目から手をすべり込ませれば、なんとノーブラではありませんか。

「ンっ、ンっ、ンふっ」

とても五十二歳とは思えない張りのある乳房をもみしだくと、多恵子さんはもどかしげに腰をくねらせ、鼻からくぐもった吐息をこぼしました。

続けてスカートをたくし上げ、ショーツのすそから手をかいくぐらせた直後、ぬちゃっという音とともにとろとろの肉の帯が指先に絡みつきました。

義母はすでに愛液を垂れ流しており、指をスライドさせるたびにクリトリスがみるみるしこり勃(た)っていったんです。

「ふっ、ふっ、ン、はぁあぁぁっ」

多恵子さんは唇をほどきざま嬌声をあげ、体を密着させて足を絡ませました。

私自身も異様な昂奮に駆り立てられ、一分一秒でも早く義母を自分のものにしたいという気持ちだけに集中していました。

「もう我慢できません」

「いや……だめ、だめよ」

ショーツを引きおろす最中、彼女は拒絶の言葉を発しましたが、体に力はまったく入っていませんでした。

私は難なく下着を足首から抜きとり、しなやかな体を無理やり逆向きにさせてからスカートをめくりました。

まろやかな、それでいて全体がクンと上がったすばらしいヒップです。

「あ、やっ」

肩越しに振り返った彼女の目はうつろと化し、頰はピンク色に染まっていました。ヒップの下方にのぞく恥丘の中心部はパックリ割れ、赤い粘膜が剝き出しになっていました。

私はペニスを握りしめ、妖しく濡れ光る肉帯の狭間に亀頭の先端をあてがったんです。

「はあはあ、もっとお尻を突き出してください」

「だめ……だめ、あっ」

バランスを失った多恵子さんが洗面台に両手をつくと、腰が高々と上がり、二枚の花びらがペニスの切っ先を挟み込みました。

すぐさま臀部の筋肉を盛り上げたとたん、牡の肉は膣内に差し込まれ、膣の奥までズブブブッと埋め込まれていきました。

「ひ、やぁあぁっ」

「あ、ああ、お義母さん、気持ちいいです！」

やはり、インストラクターをしているせいでしょうか、膣肉の締めつけは強烈で、早くも収縮を開始していました。

「はぁ……こ、こんなことって……」

「お義母さんのおマ○コ、すごく具合がいいですよ」

「抜いて、抜いてちょうだい……あっ！」

私は腰を抱え込み、しょっぱなから猛烈なピストンで膣内をえぐりました。

バチンバチンと恥骨がヒップを叩くたびに、義母の体が前後し、同時に結合部からふしだらな媚臭と卑猥(ひわい)な音が洩れ出しました。

「お義母さん、この音、聞こえますか？」

「やぁ、やぁあぁっ」

「む、おおおっ」

息を止め、こめかみの血管をふくらませながら逞しいスライドを繰り返すと、抵抗感やひりつきがなくなり、多恵子さんは腰をくねらせてむせび泣きました。

「あぁ、やぁあ、やぁあっ」

「いい、すごく気持ちいいです」

「だめぇ、だめぇ……ひうっ」

腰をぐりんと回転させてから怒濤(どとう)のピストンを繰り出したとたん、多恵子さんは声を裏返し、とうとう快感を受けとめる声を張りあげました。

「はあぁ、すごい、すごいぃぃっ！」

「まだまだ、こんなの序の口ですよ！」

「ン、ふわぁ……イクっ、イクっ、イッちゃう！」

彼女も負けじとヒップを揺すり立てたのですが、これがまたすごいんです。

レゲエダンサーのような腰振りで、とろとろの膣襞がペニスをこれでもかと引き転がし、自制心がまたたく間に打ち砕かれました。

「あっ、そんなに腰を使ったら……」

「やあぁぁ、イクっ、イクっ、イクイクっ、イックぅうっ！」

「んむむ……ぼくも、もう我慢できません！」

「ひっ、ぐっ！」

ドスンと奥突きから子宮口を叩いたあと、私はペニスを膣から引き抜き、ヒップの上に大量の精液をぶちまけました。

多恵子さんは膝から崩れ落ち、いやらしい表情で身を痙攣させていました。

こうして私たちは禁断の関係を結んでしまい、互いにシャワーを浴びたあとは彼女のほうから誘われ、今度は寝室に移って肉の契りを交わしてしまったんです。

二度目はやけに積極的になり、義母は何度もエクスタシーを迎え、潮まで吹いていました。

翌日はさすがに気まずく、「なかったことにしましょう」と言われたのですが、とても忘れることなどできませんでした。

多恵子さんも同じ気持ちだったのか、香織が出産して戻ってきても、私たちは別れられず、いまだにいけない肉体関係を続けているんです。

〈第二章〉

血の繋がった男女が貪る禁断の果実

離婚をきっかけに実家に戻った私は憧れつづけた実母の女芯を弄んで……

西村典秋　自営業　四十歳

息子の高校入学と前後して妻に離婚を切りだされました。子育てが一段落したタイミングで、もう一度自分の人生を見つめ直したいとのことでした。

息子と妻は家族で、私は邪魔者であるようでした。母子家庭でもいいのかと詰め寄る私に、ずっと前からとっくに母子家庭だったと言い返されました。

長年、仕事を言いわけにして家庭を顧(かえり)みなかったことへのツケが回ってきたのでしょう。私としては離婚を承諾するしかありませんでした。

そうなると不思議なもので、これまではほとんど生活のすべてだった会社の仕事にまったく情熱が持てなくなりました。私は自分でも驚くほどにあっさりと退職して、持ち家と退職金のほとんどを妻と子どもに渡して、身軽になって、生まれ故郷である京都に帰ることにしたのです。

父は十年ほど前に他界していて、母が一人で観光客相手の土産物店を営んでいます。それを手伝うことにしたのでした。

いまはまだ母も元気ですが、いずれ介護も必要になるでしょうから、母と暮らしはじめるのに、離婚と退職がいいきっかけになったと言えるかもしれません。

若いころの母は美しく、ずっと私の自慢でした。もしかすると、母への思いを隠すこともなく、ことあるごとに母を引き合いに出して妻を批判していたことも、離婚の原因の一つだったのかもしれません。

そんな妻とも離婚して、誰に遠慮することもありません。正直、母にしても父が死んでもう十年になるのですから、父に義理立てすることもないでしょう。私と母が男女の関係になっても、誰に迷惑をかけることはありません。

「わし、おかんのことずっと好きやったんや。もう我慢できひんで。わしの女になってほしいんや」

新しい生活にも慣れたころ、私は定時で閉めたばかりの土産物屋の片隅で、母を強引に抱きすくめて、セックスに誘いました。母はそんな私の行動に驚いたようでした。

「そんなん言われても困るわ。人の道をはずれるわけにはいかしまへん」

手足をばたつかせて逃れようとする母でしたが、それで引き下がるわけにはいきません。

私はさらに腕に力を込めて抱きすくめ、無理やり唇を押しつけました。

「ああ……！」

キスされたことで、母の抵抗が強まりました。激しく顔をそむけようとする母の顎を、私は両手のひらで挟み込んで動けないようにして、さらに唇を押しつけ、舌を挿し入れました。

噛み合わされた歯と歯を舌先でこじ開けるようにして、奥へと挿し入れ、口中で暴れさせました。すくいとった母の甘い唾液を自分の口の中に招じ入れ、喉を鳴らして飲み下しました。

「殺生や。殺生やがな、おかん。わし、もう辛抱たまらんのや」

母の唾液が催淫剤のように作用して、私の欲情をいっそう暴走させます。私は抱きすくめた母の全身をまさぐりました。着衣の上からでも、熟しきった女の柔らかい肉体が感じられます。

私は力任せに上着を剝ぎとりました。ボタンがいくつか飛び、乾いた音を立てて床に転がります。飾り気のないブラジャーが露になりました。質素な布地が逆にリアルにそこに包まれた乳房を想像させます。

私は自分を抑えられずに、背中のホックを引きちぎらんばかりの勢いで、ブラジャーも剝ぎとりました。

「あ、やめとくなはれ。堪忍(かんにん)や……！」

母の乳房がこぼれ出しました。その昔、授乳されていたころの記憶はさすがにありませんが、小学生のころはいっしょに入浴していましたから覚えています。思春期のころ、何度思い返してオナニーしたことか。

母の乳房は、記憶のなかのそれと何も変わっていませんでした。あこがれつづけた母の胸です。大きすぎず小さすぎず、ちょうどいい大きさの乳房です。

たとえば、妻などは巨乳と言えるくらいの大きなバストでしたが、大きければいいというものではありません。

私は震える指先で母の胸をつかみました。ぎゅっぎゅっともみしだき、手になじませます。熱い思いが込み上げました。

私はこらえきれずに、そのまま体勢を変えて母の胸に顔を埋めました。

乳房の中心にある、乳首に吸いつき、ちゅうちゅうと音を立てて吸い上げました。それこそ乳幼児のようにです。舌先を絡ませていじり、乳輪全体を舐め上げ、そしてまた吸いつきます。

私は時間のたつのも忘れて、手に入れたおもちゃをいつくしむように、母の胸を執拗に愛撫し、もてあそびました。

「ああ、あかんて。あかんて。そないなとこ、そないなふうにされたら。ああ……」

やがて母の悲鳴に甘い媚が混じりはじめました。明らかに感じているようでした。

「感じとるんやろ？　気持ちええんやろ？」

それでも私の問いかけに、母は首を横に振って否定するのです。昔から頑固な母でした。

私はついカッとなって、母のスカートをまくり上げて、乱暴に股間をつかみました。

「ひぃいい！」

母が悲鳴をあげて、背筋をのけぞらせます。私は構わずに、下着の上からわしづかみにした股間をぐいぐいと刺激しました。布地越しにもわかる割れ目に中指を食い込ませるようにします。

「あかんて、あかんから……！」

聞く耳を持つ私ではありません。身をよじり腰をくねらせる母の下着の股布のすき間から指をくぐらせ、母の陰部に指先が直接ふれました。

薄い陰毛に縁どられた生肉の感触が指先に感じられました。そしてそこはすでに、ねっとりとした粘液をたっぷりと滴らせていたのです。

「おかんのここかて、こんなに濡れとるがな。おかん、正直になりいな」

私は手早く母の下着を脱がせにかかりました。

「あかんて、あかんて。堪忍して」

母は最後の砦とも言うべきパンティを脱がされまいと内腿を閉じ、腰をくねらせて抵抗しましたが、男の力にかなうはずがありません。

私は、膝を越えて足首近くまで母の下着をずりおろしました。

「人と人が、男と女が愛し合うんに、あかんことなんかあるかいな」

足首のパンティに両脚をもつれさせ、その場にへたり込む母に引っぱられる格好で、私も床に膝をつきました。尻餅をつく母の正面に回り、膝の裏に腕をかけると、そのままぐいと引き寄せます。

目の前に母の女陰がぱっくりと口を開けていました。四十年前に私を産み落とした母親の性器です。蛍光灯の灯りを反射してぬめぬめと光るそれは、可憐に美しくも、淫靡にグロテスクでした。

居ても立ってもいられない激情に駆られた私は、手早く下着を足先から抜き去ると、開脚させた母の股間、生まれ故郷ともいうべき女陰に、頭から突進しました。

「ひぃいぃ……！」

母の悲鳴を聞きながら、私は一心不乱にクンニリングスを始めました。陰毛をかき分けて、陰唇を舌でなぞり、膣口に吸いつき、さらに舐め上げてクリトリスに至ります。包皮に半ば埋もれたクリトリスに、私は夢中で吸いつきました。

乳首にそうしたようにちゅうちゅうと吸い上げると、包皮の剝けた状態のクリトリスを口に含むことができました。ここぞとばかりに、舌先をまとわりつかせて愛撫します。充血したクリトリスが、一回り大きくなるのが舌先に感じられました。

母は私が送り込む刺激に敏感に反応して、腰を浮かせてびくびくと痙攣しました。恥骨が鼻面にぶつかりましたが、そんなことを気にしている場合ではありません。

私は負けじと身を乗り出し、果敢にも母の腰を抱え込んでクンニリングスにふけりました。

「ああ、ああ、あひぃい！　もう堪忍、もう堪忍してぇ……！」

母の快感が、どんどん増しているのが感じられました。気をよくした私は、クンニリングスを続けながら、指先を膣口に向かわせました。

膣口は私の唾液と母の愛液でびしょびしょでしたから、ぱっくり開いた膣口はほとんど何の抵抗もなく、私の指を呑み込みました。

「ああ、あふぅうんんん！」

　母は背筋を大きくのけぞらせて反応しました。その膣内は熱くたぎっていました。私が指で母を貫いたのか、それとも母の膣が私の指を呑み込んだのか、判然としないまま、とにかく指先は最奥部に届き、硬い子宮口がそれ以上の異物の侵入を阻んでいました。そしてその周辺が、母の性感帯のようでした。

「ああ、あかん。そこ、あかん。うち、弱いねん、急所やねん。気ぃやってしまうがな。やめて、後生やから、もうやめとくなはれ！」

　そう聞いて、やめることなどできるはずもありません。私は母を絶頂に追いやることを決意して、膣内で指を暴れさせ、周辺の肉壁をかきむしりました。もちろんクリトリスへの口唇愛撫も続けます。

「あ、ああ、うち、もうあかん……！」

　激しく喘いでいた母が急に黙り込みました。呼吸さえ止めてしまったようでした。全身に力が入り、両腿が私の側頭部を挟み込んで強く締めつけてきました。

　両脚はぴんと伸ばされ、爪先がぎゅっと折り込まれてぷるぷると震えていました。その震えが全身に広がって、母の体はがくがくと痙攣しました。

「あぁあんんん！」

少女のようなか細い悲鳴をひと声あげて、母は絶頂に達したようでした。私の胸は満足感に満たされました。

がっくりと脱力して長々と寝そべる母を見おろして、私は立ち上がりました。ズボンとパンツを勢いよく脱ぎ捨てます。私の勃起したペニスを見上げて、母が息を呑みました。

「入れるつもりなん？ そやからあかんて。それだけはあかん！ 越えたらあかん一線やがな」

いまさらのように母がおびえたようにあとずさります。自分だけイッておいて、それはないだろうと思いました。

「そやかておかん、わしのコレ、どないしてくれんのん？」

母は言葉に詰まり、一瞬考えてからおずおずと言いました。

「口で、出したげるから……それで堪忍して」

母にフェラチオしてもらえる。それはまさに思春期のころに夢見たことでした。オナニー妄想の定番でさえありました。まさか、それが実現するなんて。

私の目が期待に輝くのを見てとった母は、身を起こすと、私の足元に膝立ちになりました。

母の指がペニスに絡みつきます。すぼめた唇が、亀頭に押しつけられたかと思うと、舌先が傘の部分をくすぐりました。思わず腰が引けてしまうほどの快感でした。

「ああ、ええわ。ええで、おかん。気持ちええ……」

腰に震えが走り、陰茎が上下に跳ねました。自分でも滑稽(こっけい)な動きだと思いましたが、制御できるものではありません。母からふっと笑みがこぼれました。

「笑うことないやないか」

不満げな私に母が首を振りました。

「ちゃうねん、そうやないねん。つい、お父さんのこと思い出してしもうてん」

「おとんがどないしたん？」

この状況で、いまさら死んだ父の何を思い出したのかといぶかしむ私に、母が言いました。

「あんたのコレ、死んだお父さんのにそっくりやと思うて、感心してしもうたんや。親子やねんな。形も、動きも、匂いも、何から何までそっくりやわ。なつかしい」

母はそう言うと、愛しそうに私のペニスに唇を這わせ、舌を絡ませるのでした。

私としては複雑な心境でした。母のフェラチオは気持ちよく、とてもうれしいことなのですが、母が父のペニスを思い出してフェラチオにふけっているのだとしたら、素直に喜んでもいられません。

思春期以来の父への嫉妬。とっくに克服したはずの感情がよみがえり、むくむくとふくらんでくるのでした。

私の心中を知ってか知らずか、母は熱心に私のペニスを愛撫し、フェラチオを続けていました。茎を舐め上げ、溢れ出す唾液をたっぷりと塗りつけながら、舌先が傘を這い進みます。

円を描くように亀頭の輪郭をなぞり、ときおり、舌先が尿道にまでもぐり込もうとします。手指は茎に絡みついて上下にしごき、もう一方の手が柔らかく陰嚢をもみほぐしました。

母は上目づかいで私の顔を見ていました。反応を確かめ、私が気持ちよさそうにした動きを反復するためでした。

あらためて、母の優しさが胸にしみました。こんなていねいな心のこもったフェラチオは、経験したことがありませんでした。妻にしてもらったこともありましたが、お義理というか義務を果たすような味気ない様子にシラケさせられたものです。やはり母は女としても人としても、妻とは格が違うようでした。

やがて母は大きく口を開けると、私の張りつめた亀頭をがっぷりと咥え込みました。

亀頭が温かい母の口中に包み込まれ、たとえようもない幸福な感覚が下半身に満ちました。母の柔らかい頬の裏側の肉が、亀頭全体に密着して優しく締め上げます。

そのまま母は、頭を前後させて深く浅くピストンを始めました。亀頭にとどまらず茎の根元に近いところまでが、母の口の中を出たり入ったりするのです。亀頭の先端は咽頭の奥にまで届きそうでした。

ときおり、母は深く呑み込みすぎてえずきもしました。喉の奥を突かれて苦しくないわけがありません。それでも母はピストンを弱めるどころか、ますます深く呑み込もうとするのです。そんな母の愛情深さに、私は感動せずにはいられませんでした。

私は性感を高め、腰の奥にじんわりと射精の予感が広がりました。それこそ、父への嫉妬がなければ私も一気に昇りつめていたことでしょう。

実際、何度も射精寸前にはなったのですが、そのたびに脳裏に亡き父の面影がよみがえり、タイミングを逃してしまうのでした。

「なあ、おかん……やっぱりわし、おかんのおめこに突っ込みたい」

私はフェラチオを続ける母を見おろして言いました。父への嫉妬を今度こそ完全に克服するには、それしかありませんでした。

母も私の口調から何か察したらしく、もう断りませんでした。

「わかった、ええよ。入れても……でも、あんまり乱暴なんは堪忍やで。えらい久しぶりなんやから」

私たちは奥の間に移動して、畳の上であらためて抱き合いました。大きく開脚した母の内腿の間に体を割り込ませ、亀頭を膣口へと押しつけました。母の女陰は新たに溢れ出した愛液に濡れそぼっていて、挿入には何の支障もありませんでした。

私は腰に体重を乗せて突き入れると、亀頭が膣口を押し広げて膣内に侵入を果たしました。ペニスがずぶずぶと根元まで母の女陰に呑み込まれていきました。

「あぁああ、はぁあああああんん……!」

母が大きく喘いで、背筋をのけぞらせました。そのようにして、私はとうとう母とひとつになることができました。そのときの感動は、言葉で言い表すことができません。この世に産まれて、成長して、自分も子どもを作って、人生いろいろありましたが、母の女陰に還ってこられたことが、なによりも感動的なのでした。

「ああ、すごい。気持ちええわぁ!」

ペニスの先端は膣内の最奥部にまで届き、母の敏感ポイントをダイレクトに刺激したようでした。私は腰を引き、そしてまた突き入れました。またしても激情に駆られた私は、腰も抜けよとばかりに激しくピストンしました。

「あかん、そないに激しゅうせんといてや。壊れてしまう！」

そう言われて加減できるほど、冷静にはなれませんでした。私は下腹部を叩きつけるように腰を突き入れながら、母を抱きすくめました。

「おかん、気持ちええか？　気持ちええんやろ？　おとんとすんのと、どっちが気持ちええんや？」

激しく身をよじり、喘ぎながらも、母が私の顔を見ました。

「なあ、答えてくれや。おとんとわしのセックス、どっちが気持ちええねん？」

父のほうがいいと言われたら、私は壊れてしまうかもしれませんでした。母が私とセックスしてくれているのは、父の身代わりにすぎず、母が愛しているのは私ではなく父なのだと言われたら。

「あんたのほうが気持ちええに決まってるがな。ああ、すごい。ほんまにすごいわ」

母は、そう言ってくれました。

もしかすると、私の心情を察してお愛想を言ってくれただけだったのかもしれませんが、そうではないと思われました。母は敏感に反応し、私とのセックスを心から楽しんでいるように見えました。

「ああ、気持ちええわあ。セックスって、こんなに気持ちええもんなんや。うち、全然、知らんかったわ……！」

母の言葉に嘘はなく、本気で感じているようでした。母のヨガリ狂う様子が伝染して、私の性感も一気に高まりました。

「あ、あかん。わしも、気持ちええで……！」

母が下から私に抱きつきました。腕だけではなく両脚でも私の尻を抱え込み、お互いの陰毛がこすれ合い、恥骨と恥骨がぶつかりました。母の全身に力がこもり、膣内の肉が私のペニスをきつく締め上げました。

「締まる。おかん、それあかんて。そないにされたら……ああ！」

腰の奥に広がる射精の予兆に備えることもできずに、私はそのまま射精してしまいました。

どくどくと飛び出す精液を母の膣内に注ぎ尽くすと、私は脱力して母の上におおいかぶさるように倒れ込みました。母は、そんな私の背中を優しくなでてくれました。

「おかん、まだイケてなかったやろ？」

しばらくそのまま抱き合って、やがて息がととのった私はそう言いました。

「そんなん気にせんとき……さっき口と指でイカせてもろたし」

母はそう言ってくれましたが、私の気がすみませんでした。すでにペニスは力をとり戻しつつありました。

私はあらためて母の肉体に挑みかかりました。今度は簡単に射精してしまうこともなく、無事に母をイカせることができました。

後背位、騎乗位と体位を変えて挿入し、私は心ゆくまで母の体を味わい尽くしました。母も十分に満足したと思います。

「ああ、うち、ほんまにかなわんわ。また、気ぃやってしまいそうやがな。ええ年してこんなに何べんもイカされて、恥ずかしいわ……！」

母は騎乗位がお気に入りだったらしく、あおむけに寝そべった私の下腹部に跨って中腰で尻を振り立てながら、何度目かの絶頂に達しました。絶頂を迎えるときの母の表情はほんとうに美しく、まるで菩薩(ぼさつ)のようでした。

いまも京都の片隅で、私と母の二人きりの生活は続いています。紆余曲折(うよきょくせつ)を経てやっとたどり着いた幸福な日々に、私も母もとても満足しているのです。

姪っ子の結婚式で帰省した田舎の夜に優しい義兄の牡太幹でイキまくり！

津田奈美子　事務職　五十二歳

私は結婚したあと、夫の転勤で地元の岡山を離れました。その夫の浮気が原因で十年ほど前に離婚したあとも、私は実家に戻ることなく、一人で都会で暮らしています。田舎は仕事がないですし、バツイチや出戻りだと、どうしても肩身が狭い思いをさせられそうなので、戻らないという選択肢を選んだんです。

そのときには両親が亡くなっていましたし、実家の農家は姉が婿養子をもらって家業を継いでいたということも、理由の一つとしてあったかもしれません。

それがつい最近、姉の娘の結婚式があり、久しぶりに地元に帰ったんです。

姉は相変わらず無神経な人で、「あんた、一生一人で生きていくつもりなん？　再婚するんやったら少しでも早いほうがええで。女としての賞味期限は、もうとっくに切れてんねんからな」と顔を合わせた瞬間、そんなふうに言われてうんざりしました。

それに対してお義兄さんは穏やかな性格で、姉の尻に敷かれていて、婿養子がよく似合うタイプの人です。

もともと京都の人で、仕事で岡山に転勤になり、そのときに姉と知り合ったということなので、ちょっと公家っぽいというか、地元の人間とは違うスマートな感じがなんだかいいなと思っていたんです。

だけど、最愛の娘の結婚式だったからか、披露宴では飲みすぎてたいへんでした。周りのテーブルから聞こえてくる話によると、やっぱりかなりストレスがたまっているようです。それに、姉が陰で「鬼嫁」と呼ばれていることも知りました。

田舎の人はほんとうに噂好きだということをあらためて思い知らされ、都会での暮らしを選んでよかったと、しみじみ思いました。

披露宴のあと、私と姉夫婦は実家に帰りました。結婚した姪は家具はそのままにしてあるから、その部屋のベッドを使っていいと言われたのですが、私は離れの部屋を使わせてもらうことにしました。

そこは子どものころに勉強部屋として、母屋とは少し離れた場所に造ってもらったものです。六畳一間しかなくて狭いのですが、それが逆に秘密基地のような趣があって気に入っていたんです。

電車移動と結婚式で疲れていたので、その離れに布団を敷いて、早々に寝ることにしました。だけど、布団に入り、目を閉じると、カエルの大合唱が耳について、なかなか眠れないんです。

ゲコゲコゲコゲコ……ほんとうに大合唱です。

こんなにうるさかったかしら？　昔は全然気にならなかったのに……と考えていると、ドアがノックされる音がしました。

「奈美子（なみこ）さん、もう寝てしもた？」

それはお義兄（にい）さんの声でした。

「いえ、なんだか眠れなくて……」

ドアを開けると、「今日はすまんかったね。娘の結婚式にせっかく来てもろたのに、ほとんど相手もできなくて。いろいろ溜まっとったから……」と謝るんです。

「そんなところじゃなんですから、とにかく中へ」

私はお布団を部屋の隅に移動させて、お義兄さんと向かい合うように座りました。

「これ、飲まへんか？」

お義兄さんは私に、よく冷えた缶ビールを手渡しました。

結婚式の披露宴であれだけ飲んでいたのに、まだ飲むなんて、かなりの酒好きなんだなとあきれました。

だけど私も、このままだとカエルの鳴き声で眠れそうもなかったので、いっしょにビールをいただくことにしました。

するとビールを飲みながら、お義兄さんは姉への不満や愚痴を話しはじめました。性格がきついとか、夫をバカにしているとか、もう女を捨てていて色気がないとか……。

それに反比例するように、私のことをほめたたえるんです。

「奈美子さんはかわいくて優しくて……奈美子さんと結婚したかったよ」

そう言うとお義兄さんは、ポッと顔を赤らめて、恥ずかしそうに頭をかくんです。その瞬間、私は胸がきゅんとしてしまいました。

男性にそんなことを言われたのは久しぶりだったし、お義兄さんの年齢に似合わないそのピュアな感じに、胸がときめいてしまったんです。

それまでお義兄さんを男性として意識したことなどありませんでしたが、いきなり異性として意識してしまいました。すると男性と密室に二人っきりということに、なんだか落ち着かない気分になってしまうのでした。

そんな私の心の変化を感じとったのでしょう、お義兄さんも急にそわそわしだして、

「ほな、ぼくはそろそろ……おやすみ」と部屋を出ていこうとするんです。

その腕を、私はとっさにつかんでしまっていました。もっとこの時間を過ごしたいと思ったんです。

「もうちょっと、お話ししませんか？」

そう言って引き寄せると、お義兄さんはいきなり私を抱き締めてキスをしてきました。唇と唇が重なり合い、一瞬、時間が止まりました。

驚いてお義兄さんの体を押しのけると、「ごめん。ぼく、前から奈美子さんのことが好きやってん。久しぶりに会うて、その気持ちが抑えきれへんようになってしもてん」と泣きそうな顔で言うんです。

その言葉はうれしかったけど、やはり相手は姉の夫です。私はなんとかその場をやり過ごそうとしました。

「お義兄さん、まだ酔ってるんと違うの」

「そうや、まだ酔ってんねん。そやから、これは酔った勢いでの過ちやから……」

お義兄さんはそう言ってまた私を抱き締めて、キスをするんです。

「あかん……あかんて。やめて、お義兄さん……」

私は言葉ではそう言いながらも、今度はほとんど抵抗しませんでした。

さっきはとっさのことで驚き、思わずお義兄さんの体を押しのけてしまいましたが、ほんとうは私もこうなることを望んでいたのです。

だけど、心の中ではお義兄さんを受け入れていても、相手は姉の旦那さんということで、どうしても罪の意識が邪魔をしてしまうのでした。

お義兄さんも大人です。私のそんな気持ちがわかるのでしょう、自分が悪者になってくれるのでした。

「奈美子さん、お願いや。哀れな男の頼みやと思って受け入れてくれ」

そしてお義兄さんはもう一度キスをし、今度は胸をもみはじめました。あとは寝るだけだったので、パジャマの下にブラジャーはつけていません。

だから、お義兄さんの愛撫が乳房に直接感じられるんです。夫と離婚して十年近く、もう男はこりごりだと思って恋愛をしてこなかったので、こんなふうにして胸をもまれるのはほんとうに久しぶりです。

それに私ももう五十代になり、今後も一生セックスすることはないだろうなと思っていたのです。

だからでしょうか、お義兄さんに胸をもまれると、なんとも言えない女としてのよろこびが込み上げてくるんです。

「ああん、お義兄さん、私も好きよ。お姉ちゃんの旦那さんでも関係あらへん」

もうお義兄さんだけを悪者にしておくわけにはいきません。私は実の姉を裏切って、その姉の夫にきつく抱きつきました。

「奈美子さん……ありがとう。この家に婿養子に来てから、いちばん幸せな気分や」

お義兄さんは私を布団の上に押し倒すと、パジャマのズボンの中、そして下着の中に手を入れ、私の陰部をさわるんです。

ごつごつした太い指の感触がたまりません。

割れ目の間をなぞるように数回指を動かされると、すぐに愛液が大量に溢れ出てきて、クチュクチュと音を立てはじめました。

「なんや、エッチな音がしてるで。どうなってんのか見してくれ」

「あぁぁん、恥ずかしいぃ……」

「ええやないか。ぼくは昔から、数え切れへんほど奈美子さんのここを想像してたんやから、よーく見してえや」

お義兄さんは有無を言わせず、パジャマのズボンと下着をいっしょに引っぱりおろしました。

そしてそれを、もうこんなものはいらないとばかりに部屋の隅に放り投げ、私の両膝の裏に手を添えてグイッと押しつけてくるんです。

「あああん……」

まるでオムツを替えてもらう赤ん坊のようなポーズにされ、恥ずかしさに全身がカーッと熱くなりました。

でも、そんな恥ずかしさは一瞬で吹き飛びました。お義兄さんが私の陰部を舐めはじめたんです。強烈な快感に、私はもう恥ずかしがっている余裕はなくなりました。

「いや、そ、それ……あああん、ダメよ、お義兄さん……んんん」

私はとまどいながら、意味不明な言葉をつぶやきつづけました。

オナニーはたまにしていましたが、やはり指でさわるのと、舌で舐められるのは全然違います。

忘れかけていたセックスの快感に、私は一気に呑み込まれていきました。

しかもお義兄さんは、舐めるのがすごくじょうずなんです。

「どうや、気持ちええやろ？　聡子(さとこ)に鍛えられたからな。やっぱり姉妹だけあって、感じるポイントは同じじゃやねんな」

私の心を読んだようにそう言うと、お義兄さんはクリトリスの右側を重点的に舐めるんです。

クリトリスはもちろん敏感なのですが、その部分がいちばん気持ちいいんです。まさか姉も、そこが性感帯だったなんて……。

そのことに驚きながらも、すぐに私はなにも考えられなくなっていきました。そして、いきなりイッてしまったんです。

「あっ、ダメ、イクー！　あっはあああん！」

私の体がぐったりと脱力すると、お義兄さんは満足げに息を吐きました。

「奈美子さんは感度もええねんね。聡子なんか三十分ぐらい舐めたらんとイカへんねんで。これぐらいすぐにイッてくれたら、こっちもやりがいがあるわ。ほな、今度は奈美子さんの番やで」

お義兄さんは布団の上に立ち上がり、服をすべて脱ぎ捨てました。

「はぁぁ……お義兄さん、すごいわ。なんて逞しいのかしら」

私は思わず溜め息を洩らしました。お義兄さんの股間には、黒々とした極太のオチ○チンがそそり立っているんです。

「奈美子さんのオメコを舐めたら、こんなになってしもた。聡子やと、もうなかなか勃たへんねんけどな」

お義兄さんはそんなことを言いながら、私に見せつけるように右手でオチ○チンをしごくんです。

すると、すでに完全に勃起していると思っていたオチ○チンがさらに大きくなっていき、先端に透明な液体がにじみ出てきました。

その様子を見ていると口の中に唾液が溢れ出てきて、気がついたらゴクンと喉が鳴ってしまいました。

お義兄さんは一瞬、目を丸くしてから、うれしそうに言いました。

「ああ、やっぱり奈美子さんは最高や。いっぱいしゃぶってええで」

そして仁王立ちしたまま、股間を私に向けて突き出すんです。

勃起したオチ○チンがゆらりゆらりと揺れ、私は迷わず飛び起きて、それに手を伸ばしていました。

ぎゅっとつかむと、オチ○チンはすっごく熱くなってるんです。それは逆に、私の手が冷たいということなのかもしれません。お義兄さんは「冷たくて気持ちええ」と言い、同時にオチ○チンがピクンピクンと痙攣するんです。

「ああ、もうあかんわ。お義兄さんのオチ○チン、いやらしすぎる」

私はオチ○チンに顔を近づけて、先端ににじみ出ている液体をぺろりと舐めました。

「おおうっ……奈美子さん、それ、気持ちええわ」

「そう？　そしたら、もっと気持ちよくしてあげる」

久しぶりでしたが、昔のことを思い出しながら、私はオチ○チンを舐めはじめました。根元から先端にかけて舌先をすべらせ、カリクビのところをくすぐるように舐めてあげると、また先端から液体がにじみ出てきました。

「お義兄さんの我慢汁がすごいわ」

「奈美子さんにフェラをしてもらってると思うと、むちゃくちゃ興奮すんねん。もっと……もっとしてえや」

「うん。そしたら、こんなんでどう？」

私はオチ○チンを手前に引き倒し、亀頭をパクッと口に含みました。

もうそれだけで口の中がいっぱいになって苦しいぐらいなのですが、私はそのまま首を前後に動かしはじめました。

「うぐっ……うぐぐ……」

苦しくて変なうめき声が出てしまうのですが、お義兄さんはすごくよろこんでくれるんです。

「おお……奈美子さんのフェラ、最高に気持ちええ。ああ、たまらん」

「うぐ、ぐぐぐう……」

私は上目づかいにお義兄さんの顔を見つめながら、オチ○チンをしゃぶりつづけました。すると、お義兄さんは不意に眉間にしわを寄せて、苦しげに言うんです。

「あ、あかん。奈美子さん、あかん。気持ちよすぎて、ぼく、もう……」

オチ○チンが口の中で怖いぐらいに硬くなってるんです。お義兄さんをもっとよろこばせてあげたくて、私はさらに激しくしゃぶりつづけました。

「ちょ……ちょっと待ってくれ！」

いきなりお義兄さんは腰を引き、口の中からオチ○チンが抜け出て、唾液をまき散らしながら勢いよく亀頭を跳ね上げました。

「どうしたん？　せっかく気持ちよくしてあげようとがんばってるのに」

真っ赤に充血したオチ○チンとお義兄さんの顔を交互に見ながら、私の声はつい不機嫌そうになってしまうんです。

「……すまん。気持ちええのはうれしいんやけど、ぼくももうええ歳やから、そう何回も射精でけへんねん。どうせやったらオメコで……奈美子さんのオメコでイキたいと思てな」

もちろん、私に異存があるわけがありません。

「なんやのん。それやったら、そう言うてくれたらええのに。私もお義兄さんのこの立派なオチ○チンを味わいたいわぁ」

私はお義兄さんのペニスをつかみ、自分のほうに引き寄せながら、布団の上にあおむけになりました。

「おっ、うう……奈美子さん、なんぼほどエロいねん。たまらんわ。もう入れるで」

お義兄さんは私の上におおい被さるようにして、オチ○チンの先端で私の膣口を探りました。そして、割れ目の間をヌルンヌルンと上下にすべらすんです。

私は体がほてってきて、自らパジャマの上のボタンをはずしていきました。すぐに乳房が剝き出しになると、お義兄さんはうれしそうに微笑みました。

「きれいなオッパイや」

そう言って両手でもみしだきながら、器用に腰を動かしてオチ○チンの先端で入り口を探すんです。そしたら、亀頭がクプッと埋まりました。

「ここやな?」

「うん、そこ……入れて」

「よっしゃ、うううっ」

オチ○チンが私の中に入ってくるのがわかりました。だけど久しぶりすぎて、まるで処女のように膣道が狭くなっているんです。

「うう、狭い……なんほど狭いねん」

「あぁぁ……お義兄さん、ちょっと苦しいかも。私、かなり久しぶりやねん。そやから、優しくして……」

「わかった。こんな感じでどうや？」

お義兄さんは亀頭が埋まった状態で、腰を小刻みに前後に動かしはじめました。

ぴちゃ、ぴちゅ、ぴちゃ、ぴちゅ……といやらしい音をさせながら、少しずつ奥のほうにオチ〇チンが入り込んでくるんです。

それはほんとうに気持ちよくて、身も心もとろけていくようでした。それと同時に、徐々に膣道がほぐれてくるのがわかりました。

「ほら、もう半分入ったで」

上体を起こして、つながりあった場所をのぞき込みながらお義兄さんが言いました。

「あぁぁぁん。奥まで……もっと奥まで入れてぇ」

「よし、これでどうや？」

お義兄さんは小刻みに抜き差しする動きにプラスして、クリトリスを指先でこね回すように愛撫しはじめました。

「あぁっ……そ、それ気持ちええ……んんん」

中と外を同時に刺激され、私は頭の中が真っ白になるぐらい感じちゃいました。

それと同時に膣道がゆるんだみたいで、大きなオチ○チンが奥までヌルンとすべり込んだんです。

「あっ、はあああん……」

子宮口を突き上げられ、私は体をのけぞらせて悩ましい声を発していました。

お義兄さんも、うれしそうに言うんです。

「ううう……入った。奥まで入ったで。ああ、奈美子さんのオメコ、むちゃくちゃ気持ちええで」

「ああん、お義兄さん、動かしてぇ。奥のほうをいっぱいかき回してぇ」

私は自ら大きく股を開き、お義兄さんに催促しました。

オナニーのときにはクリを刺激したり、少しだけ指を入れて入り口付近をこすったりしていましたが、最後に奥のほうを刺激されたのは離婚する前のことでした。

だからお義兄さんの大きいオチ○チンで、奥のほうをいっぱいこすってもらいたかったのです。

「ああ……奈美子さん、いっしょに気持ちよくなろうな。ううう……」

お義兄さんは私の上におおい被さり、ディープキスをしながら腰を動かしはじめました。でも、その動かし方はいままでに経験したことがないようなものでした。いわゆるピストン運動ではなく、奥まで突き刺したまま円を描くように腰を動かすんです。だから、子宮口が亀頭でグリグリ刺激されるんです。奥を責められるのは久しぶりだというのに、そのテクニックは刺激的すぎます。私はもう、わけがわからないぐらいに感じまくっていました。

「ああ、あかんわ。もう、もうイク……あああ……」

「ええで、何回でもイッたらええ。ほら、これ、気持ちええねんやろ？」

お義兄さんは円を描くように腰を動かし、子宮口を刺激しつづけます。それだけではなく、両手で乳房をもみ、左右の乳首を交互に舐めたりしゃぶったりするんです。

「あああん、イク、イク、イク……イッちゃううう！　あっはあああん！」

「おお、すごい。イク瞬間に、めちゃくちゃ締まりよるわ。ああ、たまらん！」

うれしそうに言い、お義兄さんは腰の動きを少し変化させました。いままでどおりの円を描く動きに、普通のセックスのピストン運動を加えるんです。

そんな動き方をされると、膣の中を入り口から奥まで、まんべんなく刺激されることになります。

「あかん、お義兄さん、それ気持ちよすぎや。私、またイク……あっはあん！」

「おおお、締まりよる。たまらん、うう……」

お義兄さんは鼻息を荒くしながら、その独特な腰の動きで私を何度も何度もイカせつづけるんです。

もう五十代なんだからセックスなんてしなくてもいい、男なんか私の残りの人生に必要ない、なんて思っていた自分を叱りつけたい気分になりました。

セックスのよさなんて、まだ全然知ってなかったくせに、なにを偉そうに考えていたんだろうと。

「お義兄さん、好きよ……あああ、お義兄さんとエッチができてよかったわ」

私は下から両手と両足で、ぎゅっとお義兄さんにしがみつきました。そして力を込めて、オチ○チンを締めつけてあげたんです。

「あ、あかん、奈美子さん。それ、気持ちよすぎて、ぼく、もう……」

お義兄さんはとっさに、腰に回した私の足を振り払おうとするんです。

「ええよ、中にちょうだい！　心配せんでええから、いっぱいちょうだい！」

「そ、そうか。ほなら、ううう……あああ、もう……もう出る！」

お義兄さんはオチ○チンを奥まで挿入したまま、腰の動きを止めました。でも、オチ○チンだけは、私の中で激しく暴れ回るんです。

同時に、ドピュン、ドピュンと熱い体液がほとばしるのが膣奥に感じられ、その刺激で私もその晩、何度目かわからない絶頂に昇りつめていました。

翌朝、目を覚まして母屋のほうに行くと「ほんま、あんたは娘の結婚式で醜態をさらして……」と、お義兄さんが姉に叱られていました。

そんなストレスが、お義兄さんを昨夜の行動に走らせたのだなと思いながらも、昨夜のことはいやな思い出ではありません。

「おはよう、奈美子。今日は肌つやがええやないの。昨夜はよく眠れたんやね」

姉は、そんなことを言うんです。

確かに久しぶりのセックスで、身体から女性ホルモンがドバドバ出ている感じです。

私はお義兄さんと目配せをして、こっそり微笑み合ったのでした。

亡き父の隠し子だった妹との遭遇……互いの感情が溢れ出す禁忌の兄妹相姦

吉村裕孝　会社員　五十三歳

数カ月前、八十五歳になる父が老衰で亡くなりました。

生前から人に慕(した)われる性格で、多くの人が最後の夜に駆けつけてくれました。苦しみもなく大往生だったのですが、思わぬ問題が発覚したのです。

自宅で行われた通夜の席に、見知らぬ中年女性の姿がありました。

その女性の顔を見て、母は何か感じるものがあったのでしょう。近づいて「失礼ですが、夫とはどういうご関係で……」と声をかけたのです。

すると、女性から返ってきた答えに私たちは驚きました。

なんと彼女は、父が生前に残していた隠し子だったのです。

彼女は恐るおそる、持っていた一枚の写真を差し出しました。そこに写っていたのは、まちがいなく若いころの父の姿です。さらに別の女性と、幼いころの彼女の姿もありました。

詳しく話を聞くと、彼女の名前は靖子さんといい、私よりも四つ下の四十九歳。年齢的には私の妹にあたります。

どうやら父は隠し子をつくった女性と長年関係をもち、頻繁に家にも顔を出していたというのです。

相手の女性はすでに亡くなっていましたが、その後も父は靖子さんのために仕送りを続けていたようです。

驚いたことに、父はこれらすべてを家族には秘密で行っていたのです。

当然ながら通夜の席は大混乱に陥り、私も母もうろたえるばかりでした。

「ずっと隠していて申し訳ありません。けっして遺産を分けてもらいたくて、ここに来たのではありません。せめて最後にひと目だけでも父の顔を見ておきたくて……」

そう彼女は涙声で訴えてきたのですが、母は逆上したのです。

なにしろ私の住んでいる土地は、九州の南部にあるかなりの田舎です。閉鎖的で人間関係も田舎特有のものがあります。

こういう問題が起こった場合、悪いことにされるのは隠し子をつくった父ではなく、女性のほうなのです。特に母にとっては、靖子さんは見知らぬ女との間に生まれた私生児でしかありません。

父の葬儀にも彼女は現れましたが、母は参列を許しませんでした。罵倒して追い返してしまったのです。

その姿を見た私は、彼女が不憫でなりませんでした。もちろん彼女に罪はなく、父との最後のお別れをしておきたかっただけなのです。

そこで後日、私はこっそりと彼女に連絡をとり、家に招きました。母は定期的に通院するので、その時間帯に父の仏壇に焼香をさせてあげたのです。

彼女は私の気づかいに深く感謝をしてくれました。ようやく父に手向けができたと、涙をにじませていました。

私にとって彼女は家族ではないものの、血のつながった妹でもあります。ならば家族と同様に扱ってやるのは当然だと思ったのです。

とはいうものの、実は私には彼女に対して別の気持ちが芽生えていました。

初めて会ったときから、美しい女性だとひと目惚れしていたのです。

五十歳近い年齢にもかかわらず色気があり、しかも彼女は独身でした。愁いを帯びた表情にも、不思議な魅力を感じました。

一方で私には家庭があり、妻と成人した子どももいます。しかし妻とは関係が冷えきり、もう何年も性交渉などはありません。

そのため私は何度も、彼女に気持ちが傾いてしまいそうになりました。そのつど、自分にこう言い聞かせたのです。相手は血のつながった妹だ、絶対に異性として見てはいけないと。

そして父の四十九日の法要が終わったある日、今度は彼女から会ってほしいという連絡がありました。

四十九日にも参列できなかったので、せめて父の墓参りがしたいというのです。しかし母に葬儀で追い返されてしまった自分が、家族の了承も得ずに勝手に墓参りをしていいものか悩んだ末に、私につき添ってもらいたいと考えついたようです。

私は喜んで彼女の頼みを引き受けました。もちろん、妻にも母にも内緒です。

後日、彼女を引き連れて墓地へ行き、二人で父の墓参りをすませました。

「ありがとうございます。私の勝手な頼みを聞いていただいて……あの、もしよろしければ、これからもたびたび会ってもらえませんか。ご家族に迷惑がかからないように、私も気をつけますから」

「もちろんです。構いません」

私の返事に彼女も安心したようです。私のほうからお願いしたいと思っていたくらきあいました。

墓参りを終えた私たちは、二人で食事をすることにしました。その席で彼女が、少しだけお酒を飲みたいと、まだ日が高いうちに私を居酒屋に誘ってきたのです。まじめでおしとやかな女性に見えたので意外でしたが、私は彼女の案内する店について行きました。

彼女は何かを思い詰めたように、言葉数も少なくお酒を次々と飲み干していきます。やがて酔いが回ってきたのか、顔が赤らんできました。帰り際には足元がふらつき、心配になった私は彼女に寄り添いました。

「だいじょうぶですか？　肩を貸しましょうか」

私がそう言うと、彼女は私の体に抱きついてきたのです。

それだけではありません。大胆にも店の外でキスをしてきたのです。

私が驚いていると、唇を離した彼女は、じっと私の目を見つめながら、こう言いました。

「こういうことがいけないとは、わかってはいるんですけど……でも、裕孝さんはどうしても、ただの義兄妹というだけには思えなくて……」

なんと彼女も、私と同じ思いを抱えていたのです。その気持ちを伝えるために、彼女はお酒の力を借りたのでしょう。

これで私も、彼女と一線を越える踏んぎりがつきました。すぐにタクシーを呼んで二人で入ったのはラブホテルです。

お互いに待ちきれなくなっていた私たちは、部屋に入るなり抱き合ってキスの続きを始めました。

「ンン……」

ややお酒の匂いはしますが、彼女のキスはとろけるほど激しく、たっぷり舌を絡みつかせてきました。

抱き締めた彼女の体は、成熟したやわらかさに包まれています。胸もお尻もふくよかで、つい私の手は彼女のお尻に回っていました。

「私、何度も父から聞かされていたんです。腹違いの兄がいることを。どんな人なんだろうとずっと思っていて……変な話なんですけど、小さいころからあこがれの人みたいに思いつづけてきました」

そう彼女は言うと、今度は自ら服を脱ぎはじめました。

墓参りのための地味な黒服の下は、これも黒い下着でした。その下着もあっさりと脱ぎ捨て、あっという間に彼女は全裸になりました。

全身に程よく脂肪がついた、見事なスタイルです。若い女性にはない熟れた体つきに、私は生唾を飲み込みました。

「あまりお見せできるような体ではないんですけど……」

そう恥じらいつつも、あえて体を隠さずに私の目の前に立っています。

きっと兄である私に、ありのままの自分を見てもらいたいのでしょう。そうすることで、自分の覚悟を知ってもらおうとしたのかもしれません。

私も、縁もゆかりもない女性ならともかく、妹の裸だと思うと不思議な興奮に包まれました。

ふくよかに実った胸といい、いやらしく伸びた陰毛といい、見ているだけでむしゃぶりつきたくなってきます。

「すばらしい体ですよ。もっとよく見せてください」

私は彼女の手を引くと、ベッドに横にさせ肌に顔を近づけました。

じっくりと眺めるだけでなく、胸のふくらみにも手を這わせます。サイズが大きいだけに、さわってみると手のひらから肉が溢れ出してきました。

すでに彼女は目を閉じて、すべてを受け入れるような表情で横たわっています。

「ああ……」

私が乳首を口に含むと、彼女はかすかな声を洩らしました。肌の張りは年齢
彼女の体はやや汗ばんで、しっとりと湿った肌ざわりがしました。肌の張りは年齢相応ですが、むっちりとした感触はなかなかのものです。

それに加え、彼女は私の愛撫に敏感に反応してくれました。

「はぁっ、ああ……こんなに感じるなんて」

舌で転がされている乳首が、みるみるうちにとがってきます。

私はここ数年、妻も抱いていなかったので、彼女のような反応は新鮮でした。やはり感じてもらえると、男としてうれしいものです。

しかし五十代に入ってから、めっきり精力が衰えています。最後まで力を保てるか、それだけが心配でした。

「なんだか今日は、いつもより体がほてってるみたいです。さっきからずっと気持ちよくて……」

どうやら、だいぶ体が快感に染まってきているようです。そろそろ胸への愛撫だけでは物足りなくなってきたころでしょう。

次に私の手が伸びる場所は、もちろん彼女の下半身です。

すると彼女は待ってましたとばかりに、足を開いてくれました。わざわざ股間の繁

みを突き出すように腰を浮かせています。

まずは陰毛の渦を指でなでつけ、そこからさらに下へ手をすべらせます。いきなり、ぬるっとした感触が指に伝わってきました。すでに彼女は、股間から溢れるほど濡らしていたのです。

「すごいですね、こんなになって」

「男の人に抱かれるのは久しぶりなんです。そのせいかすごく濡れてしまって……」

濡れた指を見ている私に向かって、彼女は恥ずかしそうに言いわけをしました。

そんな態度がまた愛らしく、私は強引に股間の奥に指を送り込みました。

「あんっ」

指先が膣の入り口をくぐり抜けると、彼女は甲高い声をあげました。

膣の中はさらに熱く濡れています。愛液そのものにねばり気があるので、ぬるぬるした感触が際立っていました。

さらに指を出し入れすると、彼女の腰が浮いて喘ぎ声もなまめかしくなります。

「あぁ……ああんっ、いやっ、ああっ！　そんなに……」

敏感なうえに反応もよく、妻を相手にするときよりもはるかに興奮しました。

「すごくいやらしい体ですね。ほら、さっきから指を締めつけてきますよ」

「あっ、いやっ、そんなに動かされたら……」

喘いでいる顔を見ながら意地悪く煽ってやると、彼女も身悶えしながらこたえてくれます。

すっかり私は、彼女を責めることに夢中になっていました。目の前でよがっている相手が、妹であることも忘れてしまいそうです。

「ああ、ダメです。もう……イッてしまいそうです」

とうとう彼女も、限界を迎えたようです。

しかし私は、あえてここで指を引き抜いてやりました。彼女が恨めしそうな視線を向けてきても、そう簡単にはご褒美を与えてやりません。

「お尻をこっちに向けてください」

私が言うと、彼女は少しためらいつつも素直に聞いてくれました。

まるまるとした巨大なお尻が、こちらに突き出されています。何もかも丸見えのポーズは、なかなか見事な眺めでした。

「こういう格好は……ちょっと恥ずかしいです」

彼女はベッドに四つん這いになったまま、消え入りそうな声で言いました。

あえてこんな姿勢にさせたのは、彼女の恥じらう姿をもっと見たかったからです。

長年連れ添った妻にも、こんな要求をしたことはありません。それだけ彼女には、遠慮なくなんでも言えてしまうのです。

濡れた股間は開きっぱなしになり、愛液が糸を引いています。周りに生えた陰毛までテカテカと光っていました。

それ以上に私の目を引いたのは、お尻の穴です。まるで私にアピールをするかのように、ヒクヒクと動いていました。

「あっ、そこはダメです」

私が指でそっとお尻の穴をなでると、彼女はあわてて声を出しました。

しかし私は無視し、ゆっくりと指でマッサージをしてやります。

やがて、彼女のいやがる声もなくなりました。そのかわりに、お尻を小さくくねらせはじめたのです。

「ああんっ、変な感じ……」

私はそんな淫らな姿をさらけ出す彼女を見るのが、楽しくて仕方ありません。

このとき、ふと気づきました。もしかして私は子どものように妹を苛（いじ）めて楽しんでいるのではないかと。

そう考えれば、まったくの赤の他人よりも興奮できたのも納得です。私にとっては妹であり、たまらなく魅力的な不倫相手でもあるのです。

お尻の穴をいじるついでに、膣にも指を入れてみると、こちらも先ほどよりも感度が増していました。

「はぁんっ、ああ……イク、イク、もうイキそうですっ」

ほんの数回、抜き差しをしただけで、彼女はお尻を痙攣させはじめました。

先ほどはいいところで指を抜かれたので、もう放さないとばかりの締めつけです。

私も今度は意地悪をしませんでした。最後まで指を突き立ててやり、そのままイカせてやりました。

「ああっ……！」

そう彼女が絶叫したとたん、なんと指を入れたままの膣から、熱い液体が噴き出してきたのです。

まさか、潮吹きまで披露してくれるとは思いませんでした。私は夢中になって指を動かしつづけ、潮が途切れるまで止めませんでした。

ようやく潮吹きが収まると、彼女はベッドの上にぐったりと横たわっています。

私はそのすきに服を脱ぎ、下着も脱ぎ捨てました。股間ではペニスが久々に痛いほど勃起していました。

「これを見てください」

私はそう言いながら、彼女の正面に回って腰を突きつけました。

すると彼女は目を見開きながら、うっとりとペニスを見つめています。何も言わないうちに顔を近づけ、いまにも咥えてしまいそうでした。

「わかってますよね。私が何をしてもらいたいか」

「はい」

そう返事をした彼女は、素直に唇をおおいかぶせてきました。

次の瞬間には猛烈なフェラチオが始まりました。ペニスを呑み込んでしまうと、ものすごい勢いで吸い上げながら、舌を絡みつかせてきたのです。

「おおっ」

その激しさに、私は思わずうなってしまいました。

私は風俗など一度も行ったことがありません。しかしまちがいなく、それに匹敵するテクニックを彼女は持っていたでしょう。

もしかして彼女も、私にイカされたお返しをしようと、張りきっていたのかもしれません。

彼女は口を休めずに、必死になって私の腰にすがりついてきます。ほぼペニスを丸呑みしているのに、息苦しさも感じさせないほどの吸引ぶりです。

おかげで私は体の自由を奪われたまま、快感だけが与えられていました。

いよいよ我慢ができなくなると、私は強引にペニスを引き抜いて、彼女の体をあおむけに寝かせました。

「いいですね、入れますよ」

もう私に、近親相姦へのためらいはありません。彼女の「はい」という返事を聞くと、一気にペニスを挿入しました。

彼女の膣は、熱い締めつけで私を迎え入れてくれました。

根元まで入れてしまうと、抱き合いながら腰を密着させます。ペニスの先が奥まで届いているのがわかりました。

「ああ……私、兄さんとひとつにつながってる」

彼女の口から出てきた言葉に、私はこれまでになく気持ちが昂りました。

ずっと他人行儀に私のことは名前で呼んでいたのに、初めて「兄さん」と言ってくれたのです。

お返しに私も「靖子」と名前で呼ぶと、彼女も喜んでくれました。

「どうだ、靖子。おまえは、お兄ちゃんの女になったんだぞ」

「うん、うれしい。兄妹じゃなかったら、このまま夫婦になりたいくらい」

そんなドキッとするようなことも彼女は口走りました。

もっとも、いくら気持ちは若くても、いまの私たちはアラフィフの熟年カップルです。お互いに体をぶつけ合うような、激しいセックスは望めません。

代わりに私が駆使したのは、この年になって身についたねちっこさです。

いったん腰を引くと、すぐには再び挿入せずに、入り口を軽くクイクイと刺激してやります。

そうするとじれったさと快感で、彼女は私の下で悶えつづけていました。

「ああ、早くぅ」

さんざんじらしたところで、一気に深く突き入れてやります。

彼女は「ひぃっ！」と悲鳴をあげ、ますます激しく喘ぎはじめました。

「もっと、もっときて、ああ……そこ、おかしゅうなってくる」

あまりの快感に、我を忘れてしまったのでしょう。とうとう喘ぎ声に混じって方言まで飛び出してきました。

それほど彼女を乱れさせていることに、私は大いに気をよくしました。ずっと力を抑えてきましたが、こうなればとことん激しくしてやろうと思ったのです。

「ほら、どうだ。もっと喘いでもいいんだぞ」

「いいっ！　もうあたし、気持ちようてたまらん。どがんかなりそう」

私は彼女のなまった声を聞きながら、さらに強く腰を打ちつけました。

ぬかるんだ膣もペニスをよく締めつけてくれます。奥へ突くたびに、キュッと締まって快感が広がってきます。

いよいよ私も限界が近づいてきました。射精が迫ってくると、私はある欲求を抑えきれなくなったのです。

兄妹でそれだけは絶対にしてはいけないと、そう肝に銘じていたはずでしたが、我慢できませんでした。

「靖子、いいか？　中に出すぞ！」

「うん……あたし兄さんとの子どもだったら、デキてもいい！」

彼女の返事を聞いた私は、覚悟を決めました。

最後に一突きすると、膣の奥深くにペニスを埋め込んだまま、一気に射精をしてやりました。

私の体を離すまいと、彼女の腕が背中に絡みついてきます。乱れた彼女の呼吸が、ずっと耳元に聞こえていました。

「ああ……あたし、やっと夢がかなった。ずっと、こうなりたかったとよ」

彼女は私の精液を受け止めながら、そう小声でつぶやきました。

実際のところ、年齢を考えれば妊娠する可能性などほぼないはずです。それでも、彼女にとっては本望だったのでしょう。

こうして私たちは、血のつながった兄妹でありながら結ばれてしまいました。お互いに愛し合い、関係を断ち切れなくなっています。

もちろん、結婚などできません。それは彼女もわかっています。いまはただ私の家族の目を盗み、こっそり会うことしかできないのです。

しかし二人きりでいるときだけは、兄妹であり夫婦でもあるような、そんな濃密な関係にひたっているのです。

〈第三章〉

背徳の肉悦に溺れゆく罪深き牡と牝

還暦過ぎの若々しい美叔母との再会
二人きりの撮影会で変態プレイを堪能

春日 勝 無職 四十五歳

　昨年末に父が亡くなり、古稀(こき)を迎えた高齢の母を一人にしておくこともできず、半年ほどの調整の末に早期退職をして故郷の福井に帰りました。

　大きな会社ではありませんでしたが、専門職だったのでそこそこの蓄えはありましたし、父の遺産と持ち家があればあくせく働く必要もありません。

　母がまだ健康体だったこともあり、後々のことはいずれ考えるとして、当面は趣味のカメラに没入するつもりで、のんびりとした都落ちでした。

　実家は福井の山側にあり、かなり過疎化が進んでいますが、昔からある商店街が健在で、私が卒業した町立小学校も残っています。

　帰郷してしばらくは、周辺を歩き回ってなつかしい景色をカメラに収めたり、地元に残って働いている古い友人に会ったりして過ごしました。

「髪を切るついでに、ミキんとこにも顔を出しといでよ」

母にそう言われたのは、帰郷してふた月めのことでした。町には床屋も一軒ありますが、そういえば叔母のミキさんは、小学校のそばで美容室をやっているのです。

確かに挨拶をしていなかったと思い、ずいぶん伸びて後ろで結ぶようになっていた髪を切ってもらいに行くことにしました。

ミキさんは、地味でまじめな人が多いうちの親戚の間では、かなり個性的な女性として知られていました。本人曰く「北信越のファッションリーダー」。その言葉どおり、若いころからおしゃれで派手な服装ばかりしていて、母に言わせれば「変わりもん」、私の子どものころの記憶では「芸能人みたい」という印象でした。

最後に会ったのは父の葬式のときですから、さほど昔ではありませんが、そのときのミキさんは当然喪服姿でした。私は大学進学に合わせて上京して以来、ずっと東京暮らしでしたので、ふだん着のミキさんを見るのはそれこそ何十年ぶりになります。

母から「相変わらずやよ」と聞かされており、多少おっかなびっくりでの訪問となったのですが……まさかこのことが、私のカメラ人生に新たな一ページを開かせることになるとは、夢にも思ってもいませんでした。

「マサル君、いらっしゃい。久しぶりやのぉ」

念のために予約をしておいたので、ミキさんはガラス製のドアを開ける前に勢いよく飛び出してきて、私を迎えてくれました。

こんなに背が高かったっけ？　というのが最初の印象で、続けて、これで六十代かよ……という驚きに見舞われました。鮮やかな花柄のミニワンピースを着たミキさんは、長く東京で暮らしてきた私から見ると「かっこいい」としか言いようのない、思わず拍手したくなるほどに素敵な熟年女性だったのです。

もともとスラッとしたモデル体型で、さすがに還暦過ぎの熟れ感はあるものの、膝上二十センチほどのミニワンピースから伸びた長い脚はドキッとするほど色っぽく、腰までの長い黒髪も、染めているにせよ瞳の大きな小顔と相まって独特の魅力を引き出していました。

「いや、びっくりしたよ、叔母さん。東京でもこんなきれいな人いないから……」

「あらぁ、口が上手くなっちゃって。マサル君こそ芸術家みたいでねえの」

ハイテンションで明るい性格は相変わらずで、ほめられてまんざらでもない様子のミキさんは、私をカットチェアに座らせたあとも髪を切りながらいろんなポージングをしてきました。

「マサル君は写真撮ってるんやろ？　さすがやわぁ……この辺じゃ私のファッションわかってくれる人えん（いない）のよ」

そう言って腰に手を当て、ヒップをキュッと突き出しながら振り向いたり、膝に片手を添えて前屈みになったり、頭の後ろに手を当てて胸を突き出したりするのです。細身なのに意外に大きな胸のふくらみやチラチラのぞけそうになる太腿のつけ根、真っ赤な口紅を塗ったやや厚い唇のなまめかしさ……私は思わず心の中でシャッターを切っていました。

けっしてお世辞ではなく、私の口からは次から次へとほめ言葉が飛び出しました。すると、それを聞くミキさんもどんどん色気を増していきます。

「ねぇ、ミキさん、俺の写真のモデルになってよ」

思わずそう切り出したのは、ちょうどカットも終わろうとしているときでした。口にした瞬間に何言ってんだ俺……と恥ずかしくなりましたが、ミキさんはピョンと飛び上がるようにして「いいよ、いつ撮る？」とストレートに喜んでくれました。なんだ、ミキさんも撮ってもらいたかったんだ。

多少やましさを感じていた私はホッとして、「今日のその服がすごく素敵だから、このあと、美容室が終わったあとでもいい？」と身を乗り出しました。

するとミキさんは「やった！　今日はもう予約も入ってえんで、掃除したら閉めてまうよ」と、かなりの意気込みで即日の撮影をオーケーしてくれたのです。

店を出た私はいったん帰宅し、母に「撮影行ってくる」とだけ言って一眼レフのデジタルカメラを持ち出すと、ミキさんの住む店の真裏の小ぎれいなマンションを訪ねました。

初めて入った部屋の中は、落ち着いた調度品がほどよい間隔で配置されていて、あらためてミキさんのセンスのよさを感じさせました。単なる派手好きな人じゃないということはわかっていたつもりですが、こうして見ると、結婚もせず田舎から出ようともしないのが不思議に思えてくるほどでした。

気のせいか、いい匂いもしていました。女性の部屋に来ているということが妙に意識され、さっき店の中で感じていたやましさが、また蘇(よみがえ)ってくるようでした。

「ねぇ、マサル巨匠、どこで撮るの？」

「そうだな、自然光を使いたいから、ここかな」

大きな窓のあるリビングの白壁を背景に唐の椅子を一脚だけ置き、そこでポーズをとってもらうことにしました。

「座ればええんやね」と椅子に腰かけたミキさんを見て、私は「あっ」と声を洩らしそうになりました。

服装は店で着ていた花柄のミニワンピースのままだったのですが、座ることですそがずり上がり、太腿のつけ根の白いパンティが正面からはっきりとのぞけたのです。私は「うん、いいよ」と、あえて指摘しないでシャッターを切りはじめました。

同じポーズのまま撮りつづけていたらバレると思い、立ち姿を含めたさまざまなポーズを撮ったのですが、どんなポーズであれ、私の目線の高さによっては下腹部にピッチリと張りついたパンティが、はっきりと見えました。

ミキさんの長い脚は引き締まっていて、それでいて熟年女性特有の皮膚が薄いような独特の肉感があり、それと小さなパンティの組み合わせがたまらなくエロチックでした。私は無意識に下からのアングルを多用しつつ、ときにはズームを使って、より明確にその部分をカメラに収めました。

気づいているのかいないのか、ミキさんはどんな姿勢をどんなアングルで撮られても文句を言わず、ずっと楽しそうにポーズをとりつづけてくれました。

かなり頻繁に動いたせいもあるのか、頬がほんのりと赤く上気していて、ときには息が荒くなっているのではないかと感じられることもありました。

そういうミキさんがまた妖艶(ようえん)で、気がつくと私は自ら距離を詰め、半ばあからさまに際どい写真を撮るようになっていきました。

口から出る言葉も「すごく色っぽいよ」「ああ、最高の女だ」「もっと挑発して」「興奮させて」などと、とても甥が叔母に言うようなものではない選択になり、シャッターを切るたびに文字どおり興奮して、股間が熱くなりました。

途中で衣装を替えてもらうときには、洋服ダンスの中を見せてもらい、より露出が高そうなものばかり指定しました。普通ならとっくに下心を指摘されて変な空気になりそうなものですが、そこは「北信越のファッションリーダー」。すべてをファッション上のこととして処理できるムードになっていたのが幸いでした。

衣装が新しくなると、下半身だけでなく、上半身も悩殺的になりました。

特に前屈みになると胸元がダランと垂れさがる白いサマーセーターにデニムのミニスカートを合わせてもらったときには、Eカップくらいはありそうな乳房が乳首ギリギリのところまでのぞけてしまい、思わず息を呑みながらシャッターを切りました。

それまでは立位と座位しか撮ってきませんでしたが、思いきって「床で四つん這いになってみて」と指示を出し、何やかやと言いながら手を貸してボディタッチもしていました。

このとき、ミキさんが「あんっ」と小さな声を洩らしたのです。私は、その不意打ちに強く本能を刺激されました。つまり突然理性を失いそうになったのです。

それと同時に「近親相姦」という四文字も頭の中に浮かんできて、自分に急ブレーキをかけました。還暦過ぎの叔母にムラムラして襲いかかるなんて……もしも勘違いだったとしたらシャレにもなりません。

私はあわてて気を引き締め、それでも未練がましく最後にとびきり際どいショットを何枚か撮ってから、その日の撮影は終了としました。


よく撮れた写真はきれいにプリントしてあげると約束し、ミキさんと別れた私は家に帰るとさっそくパソコンにデータを移し、大きな画面で写真を見ました。

それは、我ながらとんでもなく猥褻（わいせつ）な作品群でした。

叔母を相手にこんな写真を撮ったのかと思うと脂汗が出てくるのですが、性器の形が浮き出したパンチラのアップや、乳首まで見えそうな胸元を入れ込んだ顔の写真を見ていると、またどうしようもなくムラムラが蘇ってきました。

どうしてこんなことになったのか……自分でもわからないまま、たまらず自慰にふけりました。そして射精したあとも治まらない劣情に煩悶（はんもん）し、こうなったら、少なくともミキさんの気持ちを確かめられるところまでは行ってみようと決意したのです。

数日後、比較的無難に写っている写真を選んでミキさんの店を訪ねた私は「わぁ、かっこええやん！」と、素直に喜んでくれているミキさんに再撮を申し込みました。

これで断わられていれば、あるいはよかったのかもしれません。しかしミキさんは俄然前のめりになってくれ、「次はこの前よりもアート寄りの写真が撮りたいんだけど」という私の言葉にも、ノリノリで応じてくれました。

「アート寄り」というのは、実を言うと私なりの狙いに沿った方便でしたが、あながち嘘というわけでもありません。

撮影の当日、私は用意しておいた黒い布でミキさんに目隠しを施しました。洋服ダンスから選んだ衣装は、前回気になってはいたものの使うチャンスを逃してしまった、艶のある黒いマイクロミニと青いノースリーブのシャツ。目隠しをして壁の前に立ったミキさんは、それだけでもうフェティシズムのかたまりのような、セクシュアリティの女神になっていました。

「素敵だよ、ミキさん……ほんとうにフォトジェニックだ……」

さっそくシャッターを切り、まず「頭の後ろで手を組んでみて」と指示を出しました。すぐに応じてくれたミキさんの腋が露になり、私は胸を高鳴らせました。

「そのまま腰を振ってダンスするようにしてみて……そう、次はしゃがんでみようか、手は頭の後ろにつけたままでね」

お尻をおろしていくミキさんを見上げるように床に寝そべり、カメラを構え、「ゆっくり膝を開いてみて」と、ドキドキしながら次々と指示をしました。

断られてもおかしくない、明らかにポルノチックなポーズでしたが、ミキさんは指示どおりにゆっくりと膝を開いてくれました。

前回とは異なる、黒いパンティがファインダー越しに目に飛び込んできて、私は思わず舌舐めずりをしました。アップにすると、それは総レースのパンティで、淡い陰毛にけぶる肉の割れ目が透けていたのです。

ドクンッと私の下半身に血が集まり、クラクラとめまいが起きました。

「いいよ、ミキさん……もっと開いてみて……そう、グッとくるよ……」

ミキさんにはこちらが見えないんだと思うとどんどん大胆になり、私はほとんど接写するようにパンティに向けてシャッターを切りつづけました。

そのとき、パンティの繊維のすき間から、ツーッと細い愛液の糸が垂れたのです。

ああ、やっぱり興奮していたんだ。

まぎれもない欲情の証拠を目撃し、にわかに勢いづいた私は、すばやく身を起こすとミキさんの背中に回り込みました。そしてぴったりと身を寄せながら「色っぽい顔を撮らせてね」と、顎に片手を当ててクイと上を向かせました。

ミキさんはあらがいませんでした。私はゾクゾクしながら顎に当てた指を二本、ミキさんの唇にあてがって「舐めてみて」と言いました。

今度こそ何か言われるかもしれないと心臓が張り裂けそうになりましたが、ミキさんは赤い唇を開いて指を受け入れ、フェラチオをするように舐め回してきました。

ここまで来たら、もう止まれません。私は自分の手を入れ込みながらシャッターを切り、次は何も言わずにミキさんの青いブラウスのボタンをはずしていきました。

「もっともっと、セクシーなところを撮らせてね……そう、その顔だよ……」

そう言いながら黒いブラジャーの中に指先をすべり込ませ、ピンととがった乳首を指に挟んで全体をもみしだきました。

「あっ……ああっ」

ミキさんが息を乱しながら声を洩らし、目隠し越しに私の顔をじっと見上げてきました。私は「もっとだよ」と、おもむろにキスをして舌を差し込み、右手でシャッターを切りつつ、左手をおろしてパンティ越しにミキさんのアソコをなぞり上げました。

「んっ、んんっ……」

ピクンピクンとわななくミキさんは、まだ頭の後ろで手を組んだままです。その様子はとてもマゾヒスティックで、やっぱりフォトジェニックでした。

「今日はミキさんのこと、何もかも撮らせてもらうからね。心まで裸にするよ……」

ふだんはそれほど厚かましいタイプではないのですが、このときは歯の浮くようなセリフがスラスラと出てきました。

左右の乳房を露出したミキさんは、あらためて見てもすばらしいプロポーションでした。肩も背中も少女のように薄いのに、太腿や乳房は豊かに肉づき、発酵寸前の熟れたエロスを横溢させていました。

私は乳房をわしづかみにしてもみ回し、首筋にキスをし、さらに乳首に吸いついてネロネロと丹念に舐め回しました。そうしながら、自分の顔も入れ込んだ写真を撮りました。

次にしたくなったのは、フェラチオの撮影でした。私は立ち上がると、ミキさんの耳に音が聞こえるようにベルトをはずし、ズボンとパンツをいっしょにおろして、先端の濡れた勃起を露にしました。

「どうしてほしいか、わかるよね？」

亀頭を口元に押しつけると、ミキさんはゆっくりと唇を開いてそれを口内に含み、続けてジュブゥッと音を立てて、まったりとおしゃぶりを始めました。私は夢中でシャッターを切りつつ、乳首をネチネチといじり回しました。

「んんっ、んむぅ……んっ！」

小鼻をふくらませて舌を使っているミキさんを見おろし、もう最後まで行くしかないと私は心臓を高鳴らせました。

しゃぶらせたままミキさんの手を解いてやり、背中を支えて床に横たえると、ミキさんに被さる形でシックスナインの体勢になりました。そして透けたパンティに鼻と口を押し当て、ヌルヌルとした股布を舐め回しながらそこもカメラに収めました。

股布を横にずらすと、楚々とした陰唇が露になり、クリトリスがピンッと飛び出しました。若いころにはモテたに違いないミキさんですが、結局未婚のままでしたし、意外に性経験は少ないのかもしれません。

陰毛に白髪が混じっていることを除けば、ミキさんのそこは十代の子のように形がととのい、ウブそうに見えました。もちろんカメラに収めつつ、私はそこを舐めたくり、指でくつろげ、途中からは指を挿入して中をやさしくかき回しました。

「あふぅ、あぁ……マサル君！」

不意に名前を呼ばれ、「近親相姦」の四文字が頭に浮かんできましたが、もうそれは興奮の燃料にしかなりませんでした。

「ミキさん、気持ちいいの？　甥にチャンぺいじられて」

あえて福井の方言で言って様子をうかがうと、ミキさんはもうしゃぶることもできないほどに感じ昂り、ただ喘ぐばかりという青息吐息の状態になっていました。

私はあらためて身を起こし、手早く下半身だけ裸になって、ミキさんの太腿の間に腰を落ち着けました。そして意を決すると、ずらしたパンティの脇から生のままの勃起を差し込み、一気に貫いたのです。

「あはぁっ！」

着衣を乱して甥に犯される叔母の姿は、ゾッとするほどに淫らでした。目隠しをしたままというのが、さらに異常なほどのエロスを演出していました。

「これは傑作が撮れるよ……ああっ、すごい……」

腰を動かしながらシャッターを切り、結合部分や、揺れる乳房や、快感にゆがむ顔を立て続けに撮影しました。

ミキさんは「アアッ……あぁぁあっ」と色っぽい声をあげ、自分から骨盤をクイクイと傾け、快感に溺れ込んでいるようでした。

レンズを向けた結合部分からは、ジュブジュブという湿った音とともに愛液の泡が溢れ、私のものもますます猛り立ちました。

「すごく締まる……いいチャンぺだ……ミキさんのエッチな襞が絡みついてくるよ」

そう言って前屈みになり、乳首を甘嚙みしてあげると、ミキさんはついに「ああっ、気持ちええっ！」と叫び、下から私に抱きついてきました。

「俺も気持ちいいよ……この前の撮影のときからこうしたかったんだ……セクシーなミキさんに興奮しちゃって、ヤリたくてヤリたくて仕方がなかったんだよ」

あってはならない禁忌だからこそ、罪の告白のようなこうした言葉が、言えば言うほど私自身を煽り立てました。

「こんなにソソる女性……東京にだっていなかった……だからもっと見せて……ミキさんの全部を見せてよ」

唇を合わせて舌を吸い、感じているミキさんがギューッと腹筋を縮めてきたところで、彼女の体を横向きに倒しました。横臥位の体勢でしばらく責め立て、のけぞる背筋や太腿のひきつりを撮影したあと、今度はバックで貫きました。

「いっ、いいんっ！」

肛門をさらして背中を激しく波打たせるミキさんが、長い黒髪を振り乱して「イ、イッちゃう……あぁっ、叔母さんイッちゃう！」と震える声で叫びました。

「いいよ、ミキさん……何回でもイッてくれ……あ、ああっ、締まる！」

ミキさんのくびれたウエストがクネクネ動き、急に盛り上がって丸まったかと思うと、今度は深い谷になりました。

「ああっ、当たるっ！　そこ当たってるぅっ……イッ……イクイクイクイクゥッ！」

ビクンビクンとお尻の肉をふるわせるミキさんが「ひいいぃっ！」と、高い声をほとばしらせて絶頂しました。私はその瞬間もシャッターを切りました。

「まだだよ、ミキさん……もっともっと見たいんだ……」

痙攣しながらベチャッと床につぶれたミキさんをなおも突き、背中にぴったりと重なって首筋を舐め回しました。私にも人並の女性経験がありますが、これほど興奮にまみれながらセックスをしたことは、過去に一度もありませんでした。

相手は叔母、母の妹……血のつながった六十路の叔母さんなのに。

私はいったん勃起を抜くと、長く伸びたミキさんの体をあおむけに返しました。そして再び脚を開かせて深々と貫き、腰を動かしながら目隠しを上へずらすようにしてはずしました。

実は、ずっと怖かったのです。こんな破廉恥な行為に及んだ私のことを、ミキさんがどんな目で見てくるのかが……。

ドキドキしながら視線をおろすと、ミキさんの瞳は何も見ていませんでした。つけまつ毛をクルンとカールさせた切れ長の目は確かに開かれているのですが、薬か何かでトリップしたようにトロンとして、ただ陶然と宙空を見つめています。

私は夢中でシャッターを切りました。

男に貫かれた女性が見せる、考えうる限り最も美しい顔だと思いながら……。

その顔写真を撮り切ると、私はようやくカメラを置いて、ひたすらセックスに没入しました。

「中に出すからね？」

私の言葉にミキさんは何も答えず、ただ小刻みな絶頂を繰り返していました。

近親相姦で膣内射精するなんて、これほどの禁忌はありません。しかし、このときは罪悪感も何もなく、ただ年齢的に妊娠の心配はないということしか考えられませんでした。

「イクよ！　ミキさんの中に出すよ……」

言った瞬間に私は射精していました。

ミキさんが「あああぁっ！」と、たなびくような声をあげて四肢を突っ張らせました。

気づくとお互い汗だくでしたが、それでもミキさんはやはりきれいでした。

少し時間を置いてからゆっくりと勃起を引き出した私は、床に置いておいたカメラを再び手にとると、ミキさんの性器から溢れてくる自分の精液を撮影しました。

二度目の撮影は、こうして終わったのです。


結果として、私がしたのはいわゆる「ハメ撮り」というものでした。

近親相姦のハメ撮り……ある意味でとんでもなくアートな作品だと思いますが、もちろん人に見せることはできません。ただ、私がこれまでに撮ったもののなかでは、まちがいなく最高傑作であり、今後も追いかけたいテーマとなったのは事実です。

その後、ミキさんが海外旅行に行ったり、私が元の職場に頼まれて応援に駆けつけたりと、いろいろあってなかなか会えず、まだ本人には相談していませんが、次は全裸で、また一部は動画でも撮影してみたいと思っています。

けっして希望的観測ではなく、ミキさんならきっとオーケーしてくれるでしょう。

人間万事塞翁（さいおう）が馬。何がどう転ぶかわからないものだという実感を込め、せめて文章だけでもと思い、恥ずかしながら書いてみました。

鄙びた旅館を経営する五十路未亡人 露天風呂で娘婿のチ○ポを呑み込み！

牧瀬久見子　旅館経営　五十八歳

もう還暦に近い年齢でありながら、若い男性のセックスの魅力にはまってしまう私の性欲は異常なのでしょうか……しかも相手は娘の夫、義理の息子なのです。

私の家は、愛媛県内のとある温泉街で代々続いている旅館です。私はその温泉旅館の長女として生まれ、結婚相手にも家業を継いでもらいました。

愛媛で温泉というと、県外の方はすぐに道後(どうご)温泉を連想されることと思います。ですがうちの旅館はもっとずっと鄙(ひな)びた場所にあって、ガイドブックなどにのせていただく際は必ず「秘湯」「秘境」と書かれるようなところにあります。

でも、愛媛の温泉のだいご味はこんな秘湯だと自負しております。泉質だって道後温泉よりもよほど体によいものです。うちの旅館の泉質は少し白濁していてぬめりのようなものが肌にまとわりついて、とても気持ちがよく、肌にもいいのです。

お出しするお料理も、瀬戸内海の魚、鯛や牡蠣など豪華なのにお値打ちです。

そんな自慢の温泉を、夫と二人で切り盛りしておりました。

しかしその夫が数年前に病気になり、あっという間に他界してしまったのです。

夫との間には一人娘がいますが、その娘の真理は同居はしているものの旅館の仕事にはまるで興味がなく、松山市内の会社に就職し、そこで職場結婚しました。

その旦那さん、私からすれば娘婿の孝彦さんは東京の生まれです。都会の人だから冷たいのかと思いきや、とても好青年で情にも厚いのです。

何せ、夫に先立たれて途方に暮れている私のために勤めていた会社を辞め、旅館を手伝うと決心してくれたほどですから。

「ほんなあ……悪いわあ。真理が辞めて手伝うんが、ほんとうやけんのに……」

私は孝彦さんにそう言いましたが、孝彦さんは笑ってこう言ってくれました。

「いいんです。いずれはお義父さんと同じようにこうやって旅館を継ぐのかな……と思っていたので。この旅館がなくなるのは、ぼくも惜しいですから」

実際、夫のいなくなった穴を埋めるために男手が必要だったのも事実でした。渡りに船という感じでしたが、それにしても孝彦さんに申し訳ない気持ちでした。

孝彦さんは、ほんとうによく働いてくれました。

温泉のことも一から勉強して、旅館の古くなった設備をととのえてくれました。なかでも助かったのは、インターネットに旅館のホームページを作ってくれたこと。こういうのは夫も私も疎かったので、ほんとうに助かりました。

「なんだか、旅館も私も若返った気がしよる……ほんとうに、ありがとうね」

そう言って私が孝彦さんの肩に手をかけると、顔を赤くして照れていました。

ほんとうに、好青年だわ……私は心からそう思いました。

真理は相変わらず、朝早くに松山まで仕事に出かけます。旅館も繁忙期でなければ人も雇わないので、昼間は孝彦さんと二人きりです。

「お義母さん、いまのうちにお風呂に入ってはどうですか」

予約客のいないある日、孝彦さんにそう促されました。

「でも、まだやることもあるけん……」

「だいじょうぶです、ぼくがやっておきますから。お義母さん、ここのところ働きづめだったから、ゆっくり疲れをいやしてください」

孝彦さんの言葉に甘えて、私はお昼のうちから温泉に入りました。

仕事着を脱いで裸になった私は、脱衣所の真新しい鏡に全身を映しました。この鏡も、孝彦さんが新調してくれたものの一つです。

年齢にわりには、維持できているほうよね……。

年がいもなく、そんなことを考えました。

旅館経営はなかなかの重労働です。それを以前にも増してがんばっていましたから体も引き締まって、前よりも少し腰回りが締まって見えました。

胸もお尻も年齢相応に垂れてきてはいます。でも、それが腰のくびれと相まって強調されて、ちょっとしたグラマーにも見えるのです。

まあ、見せる相手もいないのですが……なんて、少しさびしい思いを抱きながら、旅館の裏手に位置する露天風呂へと降りました。

高台にあるうちの旅館の売りは、愛媛の山林を眼下に一望できる露天風呂。岩場と木の柱で支えられた簡単な屋根だけで、さえぎる物は何もない状態です。

最近は外から見られるのを防ぐため、やたら仕切りが多くて何のための露天風呂かわからないような旅館も多いですが、うちは昔風を貫いています。

ほかに誰もいない開放感から大きく伸びをしてから、私はお湯に足を入れました。

「ああ、ええ気持ちやわ……」

思わず声が出ました。熱すぎずねっとりとしたお湯は、全身をやさしく真綿でくるんでくれるかのようです。

久しぶりに仕事を忘れてお湯につかっているうちに、なんだか視線を感じました。気のせいかと思っていたら露天風呂のそばの繁みが、かすかに不自然に揺れるのが見えました。人影のようなものがモゾモゾと動いているのです。

「誰？」

私が叫ぶと、繁みから誰かが逃げました。

「うわあっ！」

男の叫び声が聞こえて、何者かがすべって転んで正体を現しました。

驚いたことに、のぞき魔の正体は孝彦さんでした。

孝彦さんは観念したように、私の前で正座しています。私は体の前をバスタオルで隠しただけの状態で、それを見おろしています。

「いったい、何しよんのか……前からこんなことを？」

怒る、あきれるというよりも不可解という気持ちで、私は問い詰めました。

「実はずっと前から、お義母さんの裸をのぞいていました……今日はうっかり近づいてしまって……お客さんのことはのぞいていません。お義母さんだけです……」

私は驚きました。

「なんだって、こんなばあちゃんの裸を……」

私の言葉に、孝彦さんは怒られている立場も忘れて反論したのです。

「お義母さんは、魅力的です……真理よりもずっと！」

孝彦さんは立ち上がって私に近づいてきました。薄手のズボンの股間が盛り上がっているのが見えました。目はギラギラと、私の体を見つめています。

「いや、何しよんな！」

しかし真剣な孝彦さんの目に見すえられ、私はその場から逃げ出せなくなってしまったのです。やがて孝彦さんの両手が伸びて、私の両肩をつかみました。

全身から力が抜けていくのを感じました。孝彦さんの顔が、徐々に私の顔に近づいてきます。いろいろと助けてもらった負い目もあったのかもしれません。孝彦さんに女性として見られていたことが、うれしかったのかもしれません。

結論から言うと、私は孝彦さんの唇を受け入れてしまったのです。

「んん、んん……」

孝彦さんの舌が私の唇をこじ開け、舌先がふれました。いまさっき湯舟に入っていた私の舌より、孝彦さんの舌は熱くなっていました。

キスなんていつ以来だろう……そんなことを考えていると、孝彦さんがこう言ったのです。

「キス、久しぶりです……」

私は訝しんで聞きました。

「真理とは、どうしとるん？」

「もうずっと、真理とはセックスレスです。真理は仕事ばかりだから……でもいいんです。ぼくは真理よりも、お母さんのほうが好きなんですから……」

その言葉を聞いて、私は意外にも「うれしい」と思ってしまったのです。

世の中には「老け専」だとか、熟女が好きな若い男性がいるということも聞いていました。でもまさか、自分がその対象になるなんて思ってもみませんでした。

いちおう接客業のはしくれですから、化粧にも見た目にも最低限の気づかいはしています。特に夫を亡くしてからは、このまま女を忘れないよう心がけていました。

とはいえ現実にもう一度、女としての歓びが得られる機会があるとは、想像もしてなかったんです。

このチャンスを逃したら、もう二度とやってこないかもしれない……そう思った瞬間、私は自分の娘を裏切る決心をしたのです。

孝彦さんの唇から自分の唇を離して、私は言いました。

「服、このままじゃ濡れるけん……」

私は、孝彦さんの作業着のボタンに指をかけました。その瞬間に、体を隠していたバスタオルも下に落ちて、私は生まれたままの姿になりました。ボタンを一つずつはずしていく私を、孝彦さんがため息混じりに眺めています。

「お義母さん、ぼく、もう……」

孝彦さんは我慢しきれなくなったのか、上半身が裸になった時点で、自らズボンとパンツを脱ぎ捨てて私に抱きついてきました。

「ああん、ん……！」

すでに大きく硬くなっているペニスを、私の体に押し当ててきます。

そのまま私の腰を抱きかかえて、孝彦さんは露天風呂の湯舟に入りました。温泉の中に私を押し倒してしまったような格好です。

「お義母さん……お義母さん！」

孝彦さんは夢中で私の体にむしゃぶりついてきます。温泉のお湯に濡れた肌と肌がふれ合い、えも言われぬ快感が全身を走りました。すでに書いたとおり、うちの温泉はぬめりがあって肌にまとわりつく感触があります。それが潤滑油になって、合わせた肌をこすり合わせずにはいられない気持ちよさがあるのです。

「ん、あぁ……」

孝彦さんと私の、両方の口から喘ぎ声が洩れ出ます。

私は無意識のうちに、孝彦さんのペニスに手を伸ばしていました。　私の手のひらにくるまれたペニスは、いちだんと硬さを増したように思えました。その硬いものを、ヌルヌルの手のひらで上下にこすったのです。

「うあ、あうう……お義母さん、気持ちいいです！」

孝彦さんが情けない声をあげます。私はなんだか勝ち誇った気持ちになりました。

「ふふふ……のぞきをしていた、罰……」

孝彦さんは私にペニスをしごかれながら、ひくひくと体をふるわせます。私の上半身を抱いているので、その震えが伝わってきます。

ほんとうに幸福な気分でした。実の娘の夫を寝とっているという罪悪感も、久しぶりに味わう男性の肉体の快感の前ではなんでもありません。

私はお湯のぬめりで体をすべらせ、孝彦さんの胸板に自分の顔を押しつけました。そして孝彦さんの乳首にくちづけし、歯を立ててきゅっと甘噛みしたのです。

「はあっ、うっ……！」

孝彦さんが、うめき声をあげました。

「そんなに大きな声を出しとう、誰かに見つかる……」

私がたしなめるように言うと、孝彦さんは泣きそうな顔になりました。そんな孝彦さんを見ていると、思わず意地悪な笑みがこぼれてしまいます。

私は孝彦さんの乳首を舌でチロチロとじらすように舐めてあげたあと、徐々に体の下のほうに向かっていきました。孝彦さんの体を湯舟のへりの部分にもたれさせると、大きく硬くふくらんだものが天をつくようにそびえています。その赤黒いペニスに両手を添えて、まるで陶芸家がろくろを回すみたいになでながら私は言いました。

「……舐めてほしいのんか?」

孝彦さんはとまどったような表情になっています。

「そんな……申し訳ないです……」

孝彦さんの態度がじれったくって、私は有無を言わさずにペニスの先に口をつけてしまいました。

「あっ……!」

驚いたような声が頭の上から聞こえてきましたが、私が構わずに舌を使って丹念にマッサージしてあげると、その声は荒い息づかいに変わっていきました。

実際、こんなにていねいにペニスを舐めてあげたことは、夫にもありません。限界まで伸ばして、舌の表面がたっぷりペニスにふれるようにしました。

そしてできるだけ唾液を出して、濡らしてやりました。温泉のお湯との相乗効果でまるでローションを垂らしたようにヌルヌルになったのです。

片手で袋の部分を包み込み、もう片方の手でペニスを握り、こすり上げました。裏筋を下から上に、何度も何度もくり返し舐め上げました。肉の棒の表面を走っている太い血管が、さらに怒張していくのがはっきりわかりました。

こんなに大胆になれたのは、きっと娘への対抗心があったからです。自分よりも若い真理に負けたくない……そう考えると、どこまでも行為がエスカレートしてしまうのです。

私は根元近くまでペニスをほおばりました。喉がつかえて少し苦しいけれど、その状態で舌も動かしました。同時に袋の部分をつかんでいた手を伸ばして、孝彦さんのお尻の穴まで指先で刺激したのです。

「う……お義母さん、ぼく、もう!」

断末魔のような孝彦さんの声を聞くと、私はもう自分を止めることができませんでした。まるでピストン運動のように、激しく顔を動かしてしまったのです。

孝彦さんの手が私の頭を押さえつけてきましたが、構わず口でしごきました。

「あっ、ああ!」

孝彦さんの下半身がブルッと大きく震えたかと思うと、口の中いっぱいにふくらんだペニスがビクビクと脈打つのを感じました。

そしてその直後に、私の口の中に熱い体液がたっぷり発射されたのです。

「う、ああ……」

声にならないうめきをあげて、孝彦さんはぐったりとなってしまいました。私は口の中のものをこぼさないように注意しながら、口からペニスを抜きました。

口の中のものをどうしようかと一瞬迷いましたが、吐き出してしまうのも申し訳ないという気持ちになり、一息に飲み込んでしまったのです。

ゴクンと喉を鳴らすのが聞こえたみたいで、孝彦さんも驚いていました。

「そんなことまで……」

孝彦さんの顔は感動しているように見えました。私は勇気を出して飲み込んでよかったと思いました。

孝彦さんの精液の味というか匂いは、とにかく青臭いという感想でした。でもその青臭さが彼の「若さ」を感じさせて、まったくいやな感じではなかったのです。

「おいしい……」

私が言うと、孝彦さんも幸せそうな顔になりました。

「お義母さん……ぼくにもお返しをさせてください」

孝彦さんはそう言うと、両の手を私の肩にかけて、それをゆっくりと胸のほうに移動させてきました。そしておっぱいをつかむと、円を描くように動かしたのです。

「あ、んん……」

男性の手のひらの中に包まれると、自分の乳房のやわらかさをあらためて思い知らされました。節くれだった孝彦さんの指が埋もれてしまうほどです。

乳首をさわられるのは、特に恥ずかしく思いました。私の年齢にもなると、乳首もかなり黒ずんでいます。でも、孝彦さんはそれを凝視してくるのです。

「あまり……見んといて」

しかし孝彦さんは夢中で、息を荒げながら私のおっぱいをもみつづけます。

やがて、孝彦さんの濡れた手のひらは私のあばらのあたりをねっとりとさわり、お腹を少しなでさすったかと思うと、その下へと動いていきました。

「あ、ああ……」

下腹部の恥毛にふれられて、私の体がビクッと痙攣しました。恥毛そのものに神経があるわけではないのに、不思議なほど感じてしまうのです。

繁みの奥にまで孝彦さんの両手の指先が到達すると、いちばん敏感な部分の両側にふれた指が左右に広げられていくのを感じました。

「うう……ん……」

さっきとは逆に、私の体が湯舟のふちにもたれかかるように、あおむけに寝かされていました。その状態で性器にふれられると、無意識のうちにその部分を前に突き出してしまうのです。まるで「もっと見てください」と言わんばかりに……。

自分の目で見てはいないけれど、割れ目が左右にわかれる感触で、すっかり濡れているのがわかりました。そしてその濡れている状態を、孝彦さんに見つめられているのです。お湯はぬるめなのに、のぼせそうでした。

あたりはまだ明るく、私の性器は孝彦さんの目にもはっきりと見えていただろうと思います。還暦間近の自分の性器の奥が、どんな色をしているのかわかりません。

でも孝彦さんが興奮している雰囲気は、強く伝わってきました。

「すごくきれいです……お義母さんの、ここ……」

孝彦さんは、私の太腿に自分の顔の両側をくっつけた状態で言いました。

やがて私の下半身に、電流のような快感が走りました。孝彦さんの舌先が、私のクリトリスにふれたのです。いつの間にか、露出させられていたのです。

「くはあっ！」

思わず悲鳴が洩れてしまいました。孝彦さんのザラザラとした舌先はクリトリスの全体を舐めつくしたあと、その下の穴にまで忍び込んできました。

舐めながら、孝彦さんはもう一度おっぱいに手を伸ばしてきました。乳首にさっき以上に強くふれながら、ほとんど引っぱるような強い刺激も与えてきたのです。

口での愛撫が終わると、孝彦さんは私の前に自分のペニスをつかんだ状態で見せてきました。さっきあんなに出したあとなのに、すっかり回復しています。

「はあ、はあ……ぼくのここ、また、こんなに……」

「すごいわあ……」

私も思わず手を伸ばして、うっとりとつぶやきました。

「な……舐め合いっこ、できますか?」

孝彦さんがそう言ったので、私は湯舟の横にある小さな洗い場のスペースへと移動しました。そして孝彦さんをあおむけに寝かせて、その上に私が逆向きになっておおいかぶさったのです。

私の目の前には、天をつくように孝彦さんのペニスがありました。孝彦さんの目に見えていた光景は……恥ずかしくて、想像することもできません。

私は恥ずかしさをごまかすように、目の前のペニスにむしゃぶりつきました。

さっき以上に激しく舐めて、根元から先端まで全力で吸い上げました。

どんどん硬くなっていく肉のかたまりの若さに、感動しました。

もちろん孝彦さんも負けてはいません。私の下半身の、誰にも見られてはいけない部分を思う存分、舌で責め立てたのです。

「あ、んん……むふん！」

私は孝彦さんを、孝彦さんは私を、火がついたように求め合ったのです。

お湯から上がってずいぶん時間がたったのに、二人の肌は湯冷めするどころか熱くなる一方でした。

「すごい……お義母さん、どんどん溢れてきます……」

孝彦さんの感動したような声が聞こえてきます。私のほうはもう、自分が咥えているものを下のほうの口に入れたくて入れたくて、我慢できなくなっていました。

「あかん、もう……孝彦さん……あたし、もう！」

私の下になっていた孝彦さんは起き上がって、私をあらためて抱き締めてディープキスをしてきました。舌といっしょに、愛液交じりの熱い唾液が絡み合います。

「んあ、ふう、んん……！」

長いキスのあと、唇を離して私は言いました。

「このままで大丈夫やけん……入れて……」

孝彦さんは私が言い終わるよりも先に、私の腰を抱えていました。

洗い場の床に私を寝かせた状態で私の太腿を広げ、辛抱たまらないという様子で、つかんだペニスを私の性器にねじ込んできたのです。

すっかり濡れてふやけていたその部分は、あっさりと受け入れました。

「ここが……お義母さんの！」

孝彦さんはそこまで言うと、すぐに腰を激しく私に打ちつけてきたのです。

「あ、ああ、いい……いい！」

もう誰かに見られてもかまわない、そう思うほどの快感でした。

汗と温泉のお湯に濡れた二人の肌が光りました。繋がった部分からは、自分でも信じられないほどはしたない音が聞こえてきます。

孝彦さんとするセックスの気持ちよさは、久しぶりということを割り引いても最高でした。なにより、孝彦さんが自分を強く求めているることが伝わってくるのです。

年老いた女にとって、これ以上にうれしいことはありません。

「んあ……あ、あたし……もう、イク！」

「ぼくもです……お義母さん！」

孝彦さんの腰の動きが速くなっていきます。限界の速さです。

「このまま……出して！」

私がそう言うのとほとんど同時に、子宮のあたりに熱い衝撃を感じました。私は体がものすごく高いところから落ちていくように、意識が遠のきました。

そのまま、しばらく抱き合ったあと性器からペニスを引き抜くと、二度目の発射とは思えないほど大量の精液が、逆流して溢れ出してきたのです。

孝彦さんとの関係は、いまも続いています。「家庭内不倫」の間柄です。

旅館にも夫にも興味のない娘の真理に、バレる心配はありません。これからも、堂々と第二の人生を謳歌しようと思っている今日このごろです

嫁不足の農村で寂しく暮らす六十路男 バツイチ美熟妹と秘密の夫婦性活……

戸倉松雄　農業　六十一歳

私は群馬県でも福島に近い北の地域で、高原野菜の農家をやっています。

一時期は人を使ったりもしていましたが、十数年前に農業関係の団体で非常勤の役職を押しつけられてからは、一人でできる範囲の畑仕事しかしていません。

作っているものはキャベツやレタス、トウモロコシやトマトなどですが、こうなると半分趣味と言ってもよいでしょう。

農家の長男に生まれてしまったことがよかったのか悪かったのか、あたりまえのように家を継ぎ、気がつくと独身のままいい年になっていました。

両親はすでに亡くなり、この家に一人暮らしです。これは自分だけに限った話ではないのですが、このあたりの田舎の農家はどこも深刻な嫁不足です。なかには外国人の嫁を迎えている家もあるようですが、私はその気になれず結婚をあきらめていました。まして、この年で婚活などといまさら考えることもありません。

開き直ったわけでもないのですが、そうなればなったで案外気楽な生活です。朝起きて午前中は畑仕事、午後は事務所に顔を出し、職場の同僚や後輩と町のカラオケスナックに通うという、変わり映えのない毎日に慣れてしまいました。

問題は後継者というか、自分が死んでしまうと畑を手入れする者がいなくなってしまうことです。しかし、あとのことなど考えても仕方ありません。たった一人の妹で、六歳年下の弘恵(ひろえ)か、親戚がなんとかしてくれるだろう、くらいに思っていました。その弘恵は、甥の芳明(よしあき)と二人で東京で暮らしています。

そんな妹の弘恵と甥の芳明が突然やってきたのは、去年の夏のことでした。二人の顔を見るのは、芳明が小学校六年生のとき以来ですから、考えてみると六年ぶりということになります。

駅まで車で二人を迎えに行ったのですが、おそらく私は突然の里帰りにとまどった表情を浮かべていたのだと思います。車中で、弘恵が弁明のように言ったのでした。

「お兄ちゃんのことは、ずっと気になってたのよ。でも、私も仕事やら何やらで忙しかったし……」

弘恵はバツイチで、事務員をしながら芳明を高校まで育て上げたシングルマザーです。気軽に帰省する余裕がないことは、わかっていました。

「こっちは変わったこともないけど、何かあったのか？　急に来るなんて」

「特にはないけど、来年は大学受験で、その前に一度遊びにいきたいって芳明が言い出したのよ」

そう言われて、私はバックミラーで後ろの座席の甥を見ました。

芳明が小学生のころは、毎年の夏休みには必ず遊びにきていたものです。ときに一人で夏休み中滞在していたこともありました。想像ですが、そのころに妹夫婦は離婚の話し合いをしていたのだろうと思います。

六年ぶりに会ったその甥は、驚くほど大人っぽく立派な体格になっていました。ただ、駅から口数も少なく、車中でもずっと外の風景を眺めているばかりです。

おそらく思春期のせいなのでしょう、私との距離感を測りかねているような態度でした。これは自分にも経験があることですから、大して気にはなりませんでした。

妹の弘恵はというと、女っぽさが増したように思えました。

どちらかといえば、昔からぽっちゃりとした体型だったのですが、いくらかスリムになったようで、それがかえって胸や尻の大きさを強調させていました。そのせいか、目が大きく愛嬌を感じさせる顔立ちも、若返った印象です。

もしかしたら、新しい彼氏でもできたのかなと思いました。兄として喜ぶべきことなのでしょうが、この片田舎で一人のままの自分と比較すると、何かしらさびしいものも感じてしまうのでした。

その日は弘恵が夕飯を作り、久しぶりにインスタント食品やスーパーの総菜以外の手料理を口にしました。芳明は相変わらず口数が少なかったのですが、三人での食卓はなつかしい気分にさせてくれました。同時にそれは、ふだんの私がいかに孤独な暮らしを送っているかを、あらためて味わわせてもくれたのですが……。

翌日からも夕飯は三人いっしょにとりましたが、昼間はそれぞれ勝手に過ごしました。私は午前中は畑仕事、午後は事務所に出るいつもどおりの生活です。

弘恵は、ずっと会っていなかった地元の友人の間を車で回り、帰りに地元のスーパーで夕飯の買い物をして戻ります。

芳明は家で受験勉強をしていましたが、ときどき、ブラブラと周囲を散歩しているようでした。

そんな感じで、二人が滞在してから四日目のことです。

その日も暑くなる前にと、朝からに畑に出てトウモロコシの収穫を行っていたところ、弘恵と芳明がやってきて手伝いはじめたのでした。あれこれと指示を出す私に、芳明は初めて笑顔を見せて言ったのです。

「昔もこうやってトウモロコシをとるの、手伝ったことあったよね」

「ああ、そうだったな。せっかくだから、とれ立てを茹でてあとで食わせてやるよ」

「うん、伯父さんの畑のトウモロコシはおいしかったから、楽しみだよ」

そんななにげない言葉のやりとりがきっかけとなって、芳明とやっとふつうに会話が交わせるようになりました。

お互いに手を動かしながら、近所の山にカブトムシやクワガタムシを採りにいった話や、二人で近所の川へ釣りにいったことなど、彼がこの田舎で過ごした思い出が雑談の中心です。

そのうち、Tシャツに麦わら帽子姿の弘恵が横にやってきて、三人並んで話をしているうちに、突然、芳明が告げました。

「俺、明日帰るからさ。それで、今日くらいは伯父さんの畑仕事を手伝おうと思ったんだよね」

「なんだ、もっとゆっくりしていけばいいのに」

芳明は、明後日から大学受験のための夏期集中講座があるのだと答え、弘恵がつけ加えました。

「私はまだしばらくいるつもりよ。お墓参りも行ってないし、まだ会えてない友だちもいるから。次にいつ来られるかわからないもの」

すると、そこに背後の道を通りかかった軽トラックが停まり、運転席の窓がおろされました。顔を出したのは、近所の広瀬（ひろせ）さんという同年代の飲み仲間です。

「あれ？　戸倉（とくら）さん、いづの間に嫁さもらったんだ？」

私が返事をするより早く、弘恵が笑いながら軽トラックに歩み寄りました。

「もしかして、広瀬さんでねぇの。おらよ、弘恵だよ」

「あー、弘恵ちゃんかい。ずっと会ってながったがら、見違えぢまったよ」

こんなときの弘恵は、人見知りをしません。

方言で話す二人のやりとりを眺めながら、私と芳明は顔を見合わせたのでした。

翌日は仕事を休みにして芳明を駅まで送り帰宅した私は、なんとも言えないさびしさに包まれました。短い間ですが三人家族として暮らしたことは、私にいろいろと考えさせるものがあったのです。

もしも私に妻がいたならば、子どもがいたならば、毎日あんなふうに暮らせていたことでしょう。それまで大して意識したつもりはありませんでしたが、夫婦や親子で農作業をしている同業者を、心のどこかでうらやましく思っていた自分にやっと気づいたのです。

それでもその日はまだ、弘恵がいました。

ヒグラシの鳴きはじめた夕方、早めの夕食がてら、私は弘恵を相手に晩酌を始めました。弘恵は芳明の手前、それまで酒を控えていたようです。

考えてみると、兄妹で差し向かいというのも初めてで、何か不思議な気分でした。それでも、最近の互いの暮らしぶりの報告から始まりそれなりに会話が弾んできたなか、彼女は今回の帰省について思いがけないことを打ち明けたのです。

今回、この家に行こうと言い出したのは芳明だと聞いてはいましたが、そのほんとうの理由を尋ねた私に、弘恵は苦笑して言いました。

「あの子、照れくさいからってお兄ちゃんには言えなかったみたいだけど、農大か農学部のある大学を受験するつもりなのよね」

「何が照れくさいんだ?」

「だって、志望動機が子どものころにお兄ちゃんとこの家で過ごしたことが、忘れられなかったからなんだって言うんだもん」

私にとってうれしかったのは当然ですが、同時にいろいろと心配なことにも思い当たります。日本の農業の先行きは、けっして明るいものではありません。それになにより、たまに畑仕事を手伝うだけなら楽しいかもしれませんが、ずいぶんと機械化されたとはいえ、生業（なりわい）にするとなると話は違ってきます。

私はそのあたりの事情を率直に話しましたが、芳明もそれは承知のうえだと言い張っているのだそうです。

「私もこの家で育ったんだもの、農業の苦労は知っているから、堅い勤めにつながるような進路を選んでほしかったのよね。でも、私の言うことなんかには、まるで耳を貸さないし」

「うーん、芳明の身近に相談できる人間がいればなぁ」

「やっぱり、父親が必要だったってことかしら。考えてみると、お兄ちゃんが父親代わりで、影響を受けたみたいなものよね。いっそのこと、芳明が卒業したらこの家を継いでもらって三人で暮らす？」

妹にしてみれば酒のうえでの冗談だったかもしれませんが、昨日、三人で畑仕事したことや、弘恵と夫婦にまちがえられたことが思い浮かびました。

「それじゃ、まるでお前と夫婦みたいなものだな」

「私はいやじゃないわよ」

弘恵はビールのグラス越しに、いたずらっぽく笑っています。

「先に、風呂に入ってくる」

いつの間にか、妹を女として見ていることに気づいた私は、頭を冷やすために立ち上がりました。

湯船につかり天井を見上げていると、廊下から人が近づく足音が聞こえてきました。洗面所のほうに視線を送ると、浴室の曇りガラスの向こうで、服を脱ぐ妹の白い体がぼんやりと透けています。

すぐに引き戸が開き、体の前をタオル一枚だけで隠した弘恵が入ってきました。

予感はありましたが、まさかという気持ちのほうが強かったと思います。

「おいおい、どうしたんだ、急に？」

「いいじゃない。小学生のころは、いつもいっしょに入ってたでしょ」

弘恵は簡単にシャワーで体を流すと、湯船につかる私と並んで、強引に体を入れて甘えるようにもたれかかりました。

密着する妹の柔らかな肌の感触に、私のものは意志に反して立ち上がっていきます。実の妹を相手に、そんな状態になってしまったと知られたくなかった私は、なんとか離れようとしますが、弘恵はそれを許しません。

お湯の下で右手を伸ばすと私のものにふれ、軽く握りました。

「弘恵、それはちょっとまずいって」

「なんでよ、お兄ちゃんと夫婦みたいにするの、いやじゃないって言ったはずよ」

そう言いながら妹は、私のものを握った手を上下させます。

「うっ、ちょっと待てよ」

「結婚できないままのお兄ちゃんに同情しているわけじゃないのよ。芳明のことも関係ない。なまじ夫婦生活の経験があるから、ずっとさびしかっただけの話よ」

弘恵はそこで手を止めて、窮屈な湯船の中で私に向き直りました。その真剣な表情を見た瞬間、私は決心したのでした。

だからといって、私にはどうしてよいのかわかりません。

もちろん童貞ではないですが、相手にしたのはスナックのホステスや東京に出たときのソープだけで、結婚どころかまともな恋愛というものをしたことがないのですから。

けれど弘恵は、そんな私の心境を見越しているようでした。私の手をとると、湯船から出るよう促したのです。

それで二人は、生まれたままの姿で向かい合います。あたりまえの話ですが、子どものころ、いっしょにお風呂に入った妹の姿とは違いました。

あのころはやせっぽちで、いつも小麦色に日焼けしていた妹ですが、いまの弘恵は豊かな胸に色素の薄い大きめの乳輪、静脈が透けるような白く透明感のある肌の、まさに成熟した女そのものです。昔はなかった下半身の狭い茂みは湯を滴らせ、なんとも言えずエロティックな印象を与えました。

そんな弘恵はその場にひざまずき、半勃ち状態の私のものに手を添え口に咥えます。

「うっ……」

「じっとしてて、お兄ちゃん」

弘恵は懸命に舌と唇を使いました。いままで自分が経験した風俗嬢のフェラチオにくらべると、はるかにぎこちないものです。けれどそれがかえって、私に新鮮な興奮と感激をもたらしました。

私のものは妹の口の中でみるみる大きくなり、一気に快感が駆け抜けます。

「イッちゃうよ、弘恵！」

思わず私は腰を引き、自分でも想像していなかった勢いで射精してしまいました。そのせいで、私の精液は妹の黒髪から顔全体にかけて、まともに降りかかってしまったのです。

「もう、お兄ちゃんだら……」

弘恵は顔にかかった精液を指でぬぐって、苦笑しました。

頭を洗って行くからと言う弘恵を浴室に残し、私は寝室にしている座敷の布団に横になりました。大して待つこともなく、寝間着にしている浴衣姿の弘恵が障子を開けて入ってくると、隣に体を横たえます。

電気スタンドの明かりのなか、弘恵は自分から細い帯を解くと、浴衣の前を広げました。その下は何も身につけていない全裸です。

「ねえ、お兄ちゃん。これって、私たちにとっての初夜だよね」

「まあ、そういうことになるか」

「ほんとうのことを言うと私ね、芳明が生まれてからずっとしてないんだ」

彼氏でもできたかなという予想ははずれましたが、かえってうれしさが込み上げてきました。

私は手早くパジャマを脱ぎ捨て、かすかにふるえる手で弘恵を抱き寄せ、唇を重ねます。続けて私は、弘恵の胸にむしゃぶりつきました。

「あっ!」

短く声をあげる妹のとがりはじめた乳首を吸った私は、さらに舌先で転がします。弘恵は喘ぎを洩らし、私の両肩をつかんだ手に瞬間的に力を込めました。やがて、風呂上がりの石鹼の香りに混ざって弘恵の体臭が強まっていくのを感じた私は、彼女の上で体を起こします。そのまま膝で移動した私は、妹のむっちりとした太腿に両手をかけて強引に開かせました。

「やだ、しょうしい(恥ずかしい)!」

とっさに出たのでしょう、方言を口にした弘恵は顔を両手のひらでおおいます。

興奮しきった私は、目の前に広がっている妹の粘膜に顔を近づけました。湿り気をふくみ波打つ恥毛に囲まれたなかで、色素の薄い唇とその合わせ目の突起がはっきりと見てとれました。

私は無我夢中で舌を突き出しました。経験の浅い私には、ただ乱暴に舐め回すことしかできませんでしたが、それでも弘恵はじれたように腰をよじり「しょうしい」と何度も訴えました。

こうなると、もう私は我慢できません。再び立ち上がった男のものを妹の濡れた部分に押し当て、何度も突き立てました。

弘恵もまた、私の動きに合わせて腰を上下させます。

そうやって、兄妹二人のリズムが合った瞬間、ぬるんという感触とともに私のものは妹の中に収まったのでした。

「あはあっ、お兄ちゃん」

弘恵は私の腕をつかみ、強く引き寄せます。

圧(お)し潰された彼女の胸の柔らかさと体温が私の胸に伝わり、体じゅうの血が逆流するような気分でした。それで頭の中が真っ白になった私は、テクニックも何もなく、ただただ乱暴に男のものを妹に出し入れさせます。

ぬるぬるとした弘恵の内部が、そんな私の動きに合わせて、ぐちゃっ、ぐちゃっと音を立てました。

そしてすぐに、私は我慢の限界を迎えたのです。

「弘恵！」

「お兄ちゃん！」

同時にうめきながら、私は妹の中に注ぎ込みました。

私たちはしばらく抱き合ったまま、息をととのえます。

浴室に続いて二度続けての射精ですから、年齢的なこともありさすがに疲労感を覚えた私は、妹の汗ばむ体を抱き締めながら、いつの間にか眠りに落ちてしまいました。

目が覚めたとき、腕の中で裸の背を向けて寝息を立てている弘恵に、一瞬何が起こったのかわからず私はとまどいましたが、すぐに愛し合ったことを思い出しました。

カーテン越しの明かるさから、まだ夜が明けてそれほど時間がたってないこともわかりました。このまま弘恵を寝かしておこうかと一度は思いましたが、私のものは数時間の睡眠で、すっかり元気をとり戻しています。

私は背後から抱え込む格好で腕を回し、弘恵の胸を手のひらで柔らかく包み込みました。そのまましばらく妹の胸の弾力を楽しみ、乳首を指でつまんでもてあそびます。

「うん……」

剝き出しになった丸みを帯びた肩が、びくっと動き、弘恵は鼻を鳴らしました。それでも、彼女は目を閉じたまま起きようとはしません。いたずら心を出した私は、指先を乳首から離し、するすると弘恵の尻のほうへとおろします。

思ったとおり、弘恵は下着を着けていませんでした。

私は背後から指先を、尻の割れ目に沿って前の方向へすべらせます。指先はすぐに、妹の柔らかな部分を探し当てました。

弘恵の肩がまた、ぴくりと動きます。私はそれが妙におもしろくなり、指先を遊ばせつづけました。

すぐに、ぬめった粘液が指先をたっぷりと濡らす感触が伝わります。

さらに私は、妹の耳たぶを軽く嚙み、続いて首筋から背中に軽くキスをしました。

「もう、お兄ちゃんたら。寝たふりしてたのに」

「やっぱりな」

「お兄ちゃん、昔から意地悪なんだから」

吐息交じりの声を出した弘恵は、腕の中でくるりと体を反転させて向かい合わせになりました。

「弘恵、もう一回いいか？」

問いかけに弘恵はこくりとうなずくと、再び体を反転させて、今度は四つん這いの姿勢をとりました。

私は背後から、妹を根元まで貫きます。

「ああ、お兄ちゃん……」

弘恵は枕にしがみつくようにして、鼻にかかった喘ぎ声を洩らしました。

少し混乱気味だった数時間前と違って、そのときの私には余裕がありました。今度はあせらず、じっくりと楽しもうと考えた私は、意識してゆっくりと動きました。

私が動くにつれて、弘恵の中が熱さを増していくのがわかります。

やがて、弘恵の喘ぎはすすり泣くようなものに変わっていき、ついには引き寄せた枕に顔を圧しつけました。

「お兄ちゃん、お願い！　もっと、激しく突いて！」

妹の訴えに私は、腰の動きを速めました。それだけではなく、上下左右と動きに変化をつけます。

弘恵の濡れた部分が、急速にすぼまりました。

「ああっ、感じるよ！　お兄ちゃん！」

小さく叫んだ弘恵は、ビクンビクンと腰を上下させました。

「弘恵……俺もいっしょに！」

私のものも妹の中で脈動し、精液を吐き出しつづけました。

このとき私は、弘恵と夫婦になった実感に包まれたのです。

私のものが抜かれたあと、そのまましばらくぐったりしていた弘恵は、気怠(けだる)げに体を起こすと髪を直しながら私に微笑みかけました。

「お兄ちゃん、還暦だっていうのに、ほんとうに元気ね」

「いままで、それほど使ってなかったからな。新品みたいなもんだよ」

「これからは、私のためだけに使ってね……」

そう言って妹は、私に軽いキスをしたのでした。


それから半年あまりが過ぎた今春、芳明は大学の農学部に合格し、一人暮らしを始めたそうです。

弘恵はといえば、月に一度やってくるようになりました。周囲から見れば私たちは仲のよい兄妹ですが、家では夫婦そのものの暮らしを送っています。

いずれ大学を卒業した芳明も、この家にいっしょに住んで、農家の後継者になってくれることを夢見ている私です。

夫に浮気され欲求不満の四十路熟義姉 濡れまくった牝穴に精汁を大量発射！

景村茂樹　建設業　五十三歳

私の出身地は関東圏ギリギリの場所にあるド田舎で、カーナビには近辺の道が映りさえしません。

電車やバスは二、三時間に一本、通学するにも自転車で三十分以上はかかり、車がないと生活できない辺鄙（へんぴ）な村に住んでいました。

緑が多いといえば聞こえはいいですが、娯楽施設などあるはずもなく、子どものころから都会に出たいという思いは募るばかりでした。

四つ年上の兄は親父の跡を継いで農業を切り盛りしていますが、私は高校卒業と同時に上京し、建設業に就職してからは独身を通しています。

あれは、親父の三回忌に帰郷したときのことです。

兄嫁・圭子（けいこ）さんの様子がおかしいのは、なんとなく気づいていました。

彼女は私より六つ下の四十七歳で、ふだんから無口ではありましたが、涼しげな笑顔を絶やさず、いつも如才(じょさい)ない対応をしてくれていたんです。

この日に限っては沈んだ様子で、法事のときもずっと考え事をしているような印象を受けました。

私の実家は広大な土地を先祖代々所有しており、村の中ではいちばんの実力者でもあります。

名家と言われるところそばゆいのですが、大きな屋敷に住んでおり、法事のあとは我が家の大広間で会食を催(もよお)しました。

その最中に、台所で泣いている彼女を見かけてしまったんです。

理由を問うと、どうやら兄は山の向こう側にある町のスナックに足繁く通っており、そこのママと浮気をしていると聞かされました。

「俺がガツンと言ってやるよ」と慰めたのですが、彼女はそれだけはやめてほしいと懇願しました。

この村では男尊女卑がいまだに残っており、しかも圭子さんはバツイチのうえに両親が病弱なため、離婚ということになれば、生活に困るからとのことでした。

そう言われてしまうと、三日後に東京に戻ってしまう私には何も言えませんでした。

その日の夜、ベロンベロンに酔っぱらった兄は外で飲みなおすと言って、家を出ていきました。

圭子さんの悲痛な様子から、女のところに向かったのはうすうすわかり、その日はなかなか寝つけませんでした。

夜風に当たろうかと、部屋をあとにした直後、トイレから出てきた圭子さんと鉢合わせしてしまい、「兄貴、まだ帰ってないの？」と聞くと、「今日は帰ってこないわ。いつもそうなの」と、さびしげに答えました。

「そ、そう……まったく、しょうがねえなぁ。いい歳して」

頭をガリガリかくと、彼女はまつ毛に涙をにじませ、私は思わずドキリとしました。

アーモンド形の目、小さな鼻、ふっくらした唇と、愛嬌のある顔立ちに胸がときめき、パジャマの上着の胸元からただようボディソープの甘い匂いが、私の男を奮い立たせました。

本心を告白すると、圭子さんは私のタイプのど真ん中で、ひそかなあこがれを抱いていたんです。

「や、やっぱり、俺が遠回しに注意しとくよ」

目を泳がせながら告げた直後、彼女は私に抱きつき、胸に顔を埋めてきました。

「あ……ね、義姉さん」

「茂樹さん、抱いて！」

「……え？」

いくら恋心があったとはいえ、相手は義理の姉です。ためらいが頭をもたげたものの、唇を奪われたとたん、目を白黒させました。

さびしさと不安からハグしてきただけだと思っていたので、激しく動揺すると同時に大量の血液が股間に集中していきました。

単なるキスではなく、舌を差し入れ、唾液をジュッジュッとすすり上げてきたとき、ストッパーが完全に吹き飛んでしまったのではないかと思います。

気がつくと、私は背中から豊満なヒップをまさぐっていました。

ペニスは浴衣の下でビンビンになり、早くも熱い脈動を繰り返していました。

圭子さんは柔らかい下腹を押しつけ、腰をかすかにくねらせ、こちらの性感をあおっているように思いました。

「ンっ、ンっ、ンふぅ」

鼻から洩れる甘ったるい吐息が昂奮のボルテージをさらに高め、燃え上がった欲望を抑え込めないまま、いつしか彼女を抱きたいという気持ちに変わっていました。

「はあ、ふうっ、はあっ」

長いキスが途切れたあと、私は彼女の顔をじっと見つめました。

しっとりした瞳、濡れた唇、桜色に染まった頬と、圭子さんの色っぽい表情はいまだに忘れられません。

「お、俺の部屋に……来ない？」

うわずった口調で誘いをかけると、彼女はしばし間を置いたあと、小さくうなずきました。

いまにして思えば、実家が広かったのはほんとうに助かりました。

私が滞在した部屋は母や姪っ子の寝室とは反対側にあるため、あの時間帯ならバレることもなく、私の関心はすべて一線を越えることに注がれていました。

圭子さんは兄の浮気に胸を痛める一方、肉体的な欲求を抱えているのではないか。

彼女を抱いてあげることで、少しでも気がまぎれるのではないか。

そんな言いわけをつくろい、颯爽（さっそう）とした足どりで部屋に連れていったんです。

和室に入り、襖を閉めたところで、私たちは再び抱き合い、互いの唇をむさぼり合いました。

圭子さんの体は燃えるように熱く、首筋から甘ずっぱいフェロモンが匂い立ち、脳の芯がビリビリ震えました。

あの時点では、もはや後戻りする気はさらさらなかったと思います。

手のひらでヒップの弾力をたっぷり味わったところで、パジャマズボンのウエストから手をもぐり込ませていると、男の中心部に巨大な快感を得ました。なんと、圭子さんは股間のふくらみに手を被せ、優しくなで回してきたんです。

「む、むふっ」

生尻をもみしだく間も、しなやかな手の動きは止まることなく、あまりの昂奮から射精寸前まで追いつめられました。

おそらく、背徳的なシチュエーションが多大な昂奮を与えたのでしょう。唇を離しざま、私は忙しなくパジャマのボタンをはずし、上着を脱がせました。

目の前にさらされた乳房はやや垂れていましたが、想像以上に張りつめ、生白い乳丘の迫力に酔いしれました。

「あ……恥ずかしいわ」

胸を隠そうとする手を押さえつけ、乳房を手のひらでゆったり練りました。

「あ、ふぅンっ」

鼻にかかった喘ぎ声が洩れたと同時に、乳頭がピンとしこり勃ち、私は中腰の体勢から先端の肉実に吸いついて舐め回しました。

「あ、や、ン、あ、はぁン」

頭上から響く甘え泣きがこれまた性感をあおり、浴衣の前部分はすでに大きなテントを張っていました。

続いてパジャマズボンを脱がそうとしたところ、圭子さんは私の手首をつかみ、いやいやをしました。

「自分で脱ぐから」

「あ、う、うん」

多少は冷静さをとり戻したものの、動悸は一向に収まらず、彼女の脱衣シーンを固唾を呑んで見守りました。

やがてショーツ一枚の姿になると、彼女は交差した手で胸を隠しながら近づき、口元にソフトなキスを何度も浴びせたんです。

その間に帯を抜きとられ、浴衣を肩から脱がされ、私もパンツ一丁の姿にさせられました。そして圭子さんはそのまま腰を落とし、トランクスを引きおろしてペニスを剝き出しにさせたんです。

「お、おおっ」

ビンと弾け出た男の肉はフル勃起し、亀頭がパンパンに張りつめていました。真横に突き出たカリ首、胴体に浮き上がった無数の血管と、あれほどの昂りを見せたのは久しぶりのことでした。

「す、すごい……大きいわぁ」

若いときから肉体労働に明け暮れていますので、体力や性欲には自信があります。うっとりした表情を浮かべた彼女は、宝物をいつくしむように両手で包み込み、上下に軽くしごきました。

「む、おっ」

「……あぁ」

またたきもせずにペニスを見つめ、舌なめずりしながら手コキをする彼女のなんと悩ましかったことか。

すかさず鈴口から我慢汁が溢れ出し、生臭い匂いがあたり一面に立ち込めると、淫靡な雰囲気に拍車をかけました。

このあと、彼女はどんな対応を見せるのか？　期待に胸を躍らせた瞬間、艶やかな唇の狭間から紅色の舌が差し出され、根元から縫い目をてろりと舐め上げました。

「ん、くっ」

裏茎をチロチロと這いなぶられるたびに睾丸の中の樹液がのたうち回り、たっぷりの唾液をまぶされると、今度は両足が震えました。

やがて圭子さんは口をぽっかり開け、真上からペニスを呑み込んでいきました。

驚いたことに、圭子さんは顔をググッと沈め、ペニスを根元まで咥え込んだんです。

口の中の温かい粘膜が胴体をやんわりおおった瞬間、筋肉ばかりか骨までとろけそうな快感が押し寄せました。

「お、おおっ」

顔が引き上げられると同時に唾液がだらだらと滴り落ち、私は妖しく濡れ光るペニスを愕然（がくぜん）と見おろしながら肛門括約筋を引き締めました。

じゅぽっ、じゅぽっ、くちゅ、じゅぷっ、じゅぷぷっ！

首の打ち振りが開始されるや、柔らかい唇でペニスをしごかれ、射精願望が一瞬にして頂点に導かれました。

「ぬ、おおっ」

しかも顔を左右に揺らし、きりもみ状の刺激を吹き込んでくるのですから、たまりません。私は腰を折り、内股の体勢から放出を懸命にこらえました。

「あぁ、ね、義姉さん……」

脳みそはまさに沸騰寸前、快楽はちっぽけな自制心をなぎ倒し、精液が発射口を何度もノックしました。

「だ、だめだよ、も、もう……」

我慢の限界を伝えたところで、圭子さんはペニスを口からちゅぽんと抜きとり、もどかしげな表情でつぶやきました。

「すごいわぁ……口の端が裂けちゃいそう」

「ね、義姉さん！」

「……きゃっ」

タガのはずれた私は彼女を布団に押し倒し、ショーツを強引に引きおろしました。そして肉づきのいい足を左右に広げ、熱い眼差しをプライベートゾーンに向けたんです。

「あ、だめっ」

彼女はあわてて股間を手で隠し、昂奮の坩堝（るつぼ）と化した私は鼻息を荒げました。

「見せて、見せてよ。義姉さんだって、俺のチ○ポ、見たじゃないか」

「だめっ、恥ずかしいわ」

いまにして思えば、じらしのテクニックだったのかもしれません。

くなくなと腰を揺らす姿がやたら扇情的に映り、私の性欲は爆発しそうでした。

強引に手を払いのけ、好奇の視線を注げば、圭子さんの花びらは外側にぱっくり開き、じゅくじゅくした内粘膜が、いまにも飛び出さんばかりに盛り上がっていました。

圭子さんはキスやフェラチオの最中に、あそこからおびただしい量の愛液を溢れさせていたんです。

ぬっくりしたフェロモンが鼻先にただよった瞬間、私は女陰にかぶりつき、スリットからクリトリスをペロペロ舐めました。

「ひ、ぃぃン」

強大な快感が貫いたのか、熟れた肉体がそり返り、恥骨がブルッと震えました。

包皮が剝き上がり、もっこりしたクリトリスがルビー色の輝きを放つと、私は性感ポイントを集中的に責め立てました。

さらには手を伸ばして乳房をもみしだき、指先で乳頭をくにくにとこね回してやったんです。

「あ、ひぃっ」

圭子さんはまさに悶絶といった表現がぴったりの乱れようで、愛液がとどまることを知らずに溢れ、口の周りがあっという間にベタベタになりました。

「義姉さんのおマ○コ、すごくおいしいよ」

「だめ、だめ、だめ」

「気持ちいい？」

「や、やっ、やぁぁっ」

すぼめた口でクリトリスを吸い立てると、内腿の柔肉が痙攣しだし、鼠蹊部の筋がピンと立ちました。

もしかすると、このままエクスタシーに導けるかもしれない。躍起になって舐め転がしていると、彼女は身を起こし、女とは思えない力で私を布団に押し倒しました。

「……あ」

「もう我慢できないわ！」

眉を吊り上げた表情は怒っているように見えましたが、彼女も限界を迎えていたのでしょう。私の腰を跨ぎざまペニスを起こし、大股を開いて先端を股ぐらに差し入れました。

「むおっ」

鈴口にぬるりと走った感触は、いまでもはっきり覚えています。

危うく射精しそうになりましたが、すんでのところでこらえ、私は待ちに待った兄嫁との交情に全神経を集中させせました。

「あ、あ、あ……か、硬くて……大きいわ」

圭子さんは眉間にしわを寄せ、豊満なヒップをゆっくり落としていきました。

いったんはカリ首でとどまったものの、ペニスは無事膣口を通過し、勢い余ってズブズブと埋め込まれました。

「ン、はぁあぁぁっ」

恥骨同士がピタリと重なり合った瞬間、膣肉がうねりくねり、上下左右から真綿のように締めつけてきました。

私が最後に女性と交際したのは三十七歳のときで、以後は恋人を持たず、性欲は風俗で若い女性相手に発散していました。

四十路を超えた女性と肌を合わせるのは初めてのことだったのですが、まさかあんなに気持ちいいとは夢にも思っていませんでした。

膣の中はとろとろにとろけ、媚肉は生き物のように絡みつき、あまりの快感に仰天したほどです。

「はぁ、茂樹さんの……すごいわ。あそこが壊れちゃいそう」

「俺だって、同じだよ。しっぽりしてて、すぐに出ちゃいそうだ」

「だめよ、まだ出しちゃ……あなたのほうから誘ったんだから」

どちらかと言えば、彼女が誘ったとしか思えなかったのですが、もはやどうでもよく、牡の本能はさらなる快感を欲しました。

「動いていい？」

「う、うん……あ、んむっ」

言い終わらないうちに、彼女は腰のスライドを開始し、こなれた膣肉で胴体を引き絞りました。

にちゅにちゅ、にちゅちゅちゅっと、早くも結合部から卑猥な音が洩れ出し、滴り落ちた愛液が陰嚢を濡らしました。

ほんとうの驚きは、このあとです。圭子さんはピストンの速度を徐々に上げ、ヒップを真上からものすごい勢いで叩きつけてきたんです。

「あぁ、いい、いいいっ、いいわぁ」

「むっ、むっ、むっ」

一瞬にして息が詰まり、腰骨が折れるのではないかと思うほどの激しさでした。

「すごい、すごいわぁ、気持ちいいとこに当たるのぉ」

「おっ、くっ、ひっ」

ヒップが太腿をバチンバチンと打ち鳴らし、大きな乳房がワンテンポ遅れて上下しました。

髪を振り乱し、狂おしげな表情をする圭子さんの姿を目に焼きつける間、必死の我慢もとうとう限界を迎えてしまったんです。

「あ、あぁ……ね、義姉さん……そんなに激しく動いたら、イッちゃうよ」

「いいわ、イッて、たくさん出して！」

彼女は感極まっているのか、腰の動きを止めようとしませんでした。どうせ放出するならと、私は歯を食いしばり、下から腰をガンガン突き上げたんです。

「い、ひぃぃっ」

豊満な肉体がトランポリンのように跳ね上がり、抜き差しを繰り返すペニスは大量の愛液でどろどろになっていました。

「イクっ、イッちゃう！」

「俺もイクよ！」

「イッて、出して……あ、イクイク、イッちゃう、イックぅぅ！」

「ぬおぉぉぉっ！」

頭の中で白い光が八方に散った瞬間、私は兄嫁の肉洞の中に、精液をたっぷりほとばしらせました。

「はあはあ……大丈夫？　中に出しちゃったけど」

「大丈夫よ……おチ○チン、きれいにしてあげる」

「……え？」

圭子さんはうれしげにつぶやくと、膣からペニスを抜きとり、精液まみれのペニスを唇と舌で清めてくれました。

「う、おおっ」

感動にも似た気持ちと愛おしさが込み上げ、私はこのとき、完全に彼女のとりこになってしまった自分に気づきました。

驚いたことに、萎(な)えはじめていたペニスが、またもやムクムクと膨張していったんです。

「出したばかりなのに……」

「義姉さんのせいだよ。義姉さんが、あまりにもエッチだから……」

ほくほく顔でつぶやくと、圭子さんはまたもや求めてきて、凄まじい腰振りに一滴残らずしぼりとられて、あえなく撃沈してしまいました。

翌日、圭子さんは恥じらいながら涼しげな笑みを返してくれ、心をときめかせたまではよかったのですが、その日の夜も、家人が寝静まったあと、再び一線交えてしまいました。

禁断の関係は義姉の心のすき間に入り込み、満ち足りなかった肉体にも火をつけてしまったようです。

「今度は、いつ帰ってくるの？」と何度も聞かれ、私は何も答えられずに困惑するばかりでした。

僻地（へきち）での暮らしがいやでいやで村を離れたのに、東京に戻るときは後ろ髪を引かれるほどつらかったのを覚えています。

〈第四章〉

本能に従い新たな快楽を求める人々

沖縄で暮らすエキゾチックな義妹と誰もいない島で開放的な青姦W不倫！

中谷信也　会社員　五十五歳

義妹の詩織（しおり）は十歳年下の妻よりもさらに六歳若く、先ごろ三十九歳になりました。

世間的には女盛（ざか）りの美熟女ですが、生まれ故郷である沖縄本島でスキューバダイビングのインストラクターをやっており、ショートカットとキュッとしまったボディが、ボーイッシュでありながら食い気を誘うんです。

沖縄出身なのにインドア派の妻とは違い、男の私とも力いっぱい遊んでくれるのがまたよくて、沖縄に行くと、つい妻よりも詩織とあちこち行きたくなってしまうのでした。詩織のほうも「うちは男兄弟がいなかったから、ずっと兄貴が欲しかったの」と私を慕ってくれていました。

そんな詩織も五年前に地元が同じ年下の会社員と結婚したのですが、仕事ばかりの旦那だそうで、やはり遊べていないらしいのです。

ともに子どもがいないこともあり、妻も義弟も「ご自由に行ってらっしゃい」状態で、私と詩織をほったらかしにしてくれるので、それをいいことにアクティブな交わりを楽しませてもらっていました。

二人の関係が変わったのは、何度目かに二人きりで恩納村へダイビングに行ったあと、ボートで孤島に移って休んでいるとき、思わずキスをしたのがきっかけです。

日に焼けたエキゾチックな顔立ちの詩織は、見蕩れるほどに美しかったんです。

水中ですらピッチリとしたウエットスーツに包まれたボディが挑発的なまでになまめかしかったのですが、濡れ髪を風にさらし、上半身だけウエットスーツを脱いで、白いビキニにおおわれた胸をツンと突き出して座る姿は神々しいほどでした。

目が離せなくなり、私の視線に気づいた彼女と見つめ合うことに。目を逸らさなかったところを見ると、詩織にもその気があったのでしょう。

気がつくと私は詩織の両肩に手を置いて、唇を重ねていました。

詩織は抵抗しません。それどころか、自分から私の口の中に舌を入れてくるんです。

その熱烈なキスは、ふだんのアクティブな詩織の印象そのままでした。私も負けじと舌を絡め、水着の上から詩織のヒップをもみしだきました。

インストラクターをしているだけあって、さわりがいのある引き締まった、いいヒップです。だけど私の興味はもっと女ならではの場所に向かいました。ひとしきりヒップをもむと私は、水着の中へ手をもぐり込ませたのです。

「あっ……」

詩織が短く声を洩らして、体をふるわせました。私の指先が柔肉の間にすべり込んだんです。そこはもうヌルヌルになっていました。それは海水や汗ではありません。

「すごいことになってるじゃないか」

「お義兄さんがさわるから……」

「いまさわりはじめたところだよ。いきなりこんなに濡れるわけないじゃないか。期待感でオマ○コを濡らしてたんだな。よし、それならもっとしてあげるよ」

私は指を小刻みに動かしました。すると詩織の割れ目がクチュクチュといやらしく鳴り、とろけきった柔肉の中で指先に何か硬いモノがふれるんです。

それを濡れた指先でヌルンとなでてやると、詩織は腰が抜けたように、その場にしゃがみ込んでしまいました。

「ああん、だ、ダメぇ」

私もいっしょにしゃがみ込むと、ちょうど岩陰になって周りからは死角になります。

「すごく敏感なんだな」

「だって、こういうの、久しぶりなんだもの」

「ひょっとして旦那さんに満足させてもらってないのか？　それならもっと気持ちよくしてあげなきゃな」

ほんとうならその場で最後までしたい気持ちもありましたが、私たちは義理の兄妹であり、ともに既婚者でもあります。ほんの少し残った理性が、私に詩織の水着を脱がすことをためらわせるのでした。

だから私は、手探りで詩織の感じる場所を刺激しつづけました。

ぬかるみの奥に指をねじ込んでかき回し、愛液をたっぷりとまとった指先で今度はクリトリスを刺激します。ヌルンヌルンと私の指の刺激からクリトリスが逃げ回るたびに、詩織の熟れた体がピクンピクンと震えるんです。

「ああ、そこ。お義兄さん、気持ちいい……はああん、もうダメ……あああん、イッちゃう！　はああん！」

そして詩織は、あっさりとエクスタシーに達してしまいました。

詩織の水着の中から出した私の指先は、透明な粘液にまみれてぬらぬら光っていました。

「じゃあ、本島に戻ろうか」

「ええ、そうね」

詩織は少し不満げでしたが、彼女としても自分は人妻だという意識があるので、それ以上聞き分けのないことを言ったりはしません。

なんとか理性で性欲に勝った私は、そのときは誇らしい気持ちでした。

そのあと、本島に戻ってから車でグルグル走り回り、言葉少なに食事をしましたが、下腹部に高まった欲望は時間がたつにつれてますます大きくなっていくのです。

それでも一線だけは越えてはいけないと思っていたのですが、食事のあとで高台の駐車場へ行き、暮れゆく景色を見ながらどちらからともなく手を繋いだ瞬間、私の中で何かが弾けたんです。

私は詩織の手を引いて、人けのない椰子の木陰へ連れていきました。

詩織はミニスカートにタンクトップという服装です。それは刺激的すぎる姿で、私はもう自分を抑えられませんでした。軽くキスを交わしてから、私はたずねました。

「詩織、やっぱり、いいかな？」

「もちろんよ。指だけじゃ物足りないもん」

詩織の言葉がほんとうかどうか確認するように、私は彼女のスカートをめくり上げ、下着の中に手を入れました。するとそこは、ついさっきまで指マンで責められていたかのようにヌルヌルにとろけているんです。

「すっきりさせてやろうと思って指マンでイカせてやったのに、逆に詩織の体に火をつけちゃったみたいだな」

「そうよ。だけど、お義兄さんの体にも火がついちゃってるんじゃないの？」

詩織はその場にしゃがみ込み、私のズボンと下着をおろしました。すると、年がいもなくそそり立ったペニスが飛び出したんです。

「すごいわ、お義兄さん。すごく大きい……」

ため息を洩らすようにそう言うと、詩織は両手でペニスを数回しごいてから、パクッと口に含みました。そして、口の中の粘膜でねっとりと締めつけながら、首を前後に動かしはじめるんです。

「ううう……詩織、気持ちいいよ」

私は詩織の邪魔にならないようにと両手を体の後ろに回して、おいしそうにペニスをしゃぶる様子を見おろしました。美しい義妹が自分のペニスをしゃぶってくれているのを見ると、ペニスはますます力をみなぎらせていきます。

「はあぁん、大きすぎて顎が疲れちゃった」

ペニスを口から出すと、詩織は唾液まみれになった唇をぺろりと舐め回しました。

「口には大きすぎても、アソコならこれぐらいのほうがうれしいんじゃないか？」

「アソコって、どこ？」

「ここだよ」

私は詩織の腕をつかんで引っぱり起こすと、後ろ向きにした彼女のスカートをめくってパンティを引っぱりおろしました。私がなにをしようとしているのか理解した詩織は、木に両手をついてお尻を突き出すんです。

「もう我慢できない。入れるよ」

孤島で指マンをしてイカせたときから、私はずっと興奮状態が続いていたんです。もう前戯などする余裕もありません。

そり返るペニスを右手でつかむと、先端を膣口に押しつけました。クプッと鳴って、亀頭が半分ほど埋まりました。もう手を離しても亀頭が跳ね上がることはありません。

私は両手で詩織のウエストのくびれをつかみ、股間を押しつけていきました。

「あぁぁん、入ってくるぅ……」

そこは外なので、あまり大きな声は出せません。近くに人の気配はありませんが、どこかからいきなり観光客が姿を現す可能性もあるのです。

だから詩織は必死に我慢しているようなのですが、それでも気持ちよすぎて声が出てしまうんです。それは私も同じです。

「おお、すごい……詩織のオマ○コ、すごく狭くて気持ちいいよ」

しっかりと根元まで挿入してしまうと、私はそんな言葉を口走りながら腰を前後に動かしました。少し大きめの形のいいヒップと、キュッとすぼまったアナル、そして抜き差しするたびに濃厚な本気汁に白く彩られていくペニス……日が暮れかけた薄闇の中で、波の音を聞きながらするセックスは最高です。

いつしか私は、夢中になって詩織の膣奥を突き上げつづけていました。

「あっ、ダメ、お義兄さん、んんっ……また、またイキそうよ」

「お、俺ももう……もう出そうだ、ううう……」

「あああん……イク、イク……もうイクぅぅ！」

詩織がお尻をピクピクとふるわせ、アナルがキューッと収縮しました。それに連動してオマ○コもペニスをきつく締めつけ、その狭くなった穴の中を数回抜き刺ししたところで、私も限界を迎えました。

「おおっ……もう、もう出る！　ううう！」

射精の瞬間、私はペニスを引き抜きました。人妻に中出しするわけにはいかないと思ったんです。そして、私は詩織のお尻に向けて、大量に射精したのでした。

詩織も私も二人ともイッたので、今度こそすっきりしたつもりだったのですが、車に戻って密室で二人っきりになると、詩織の体からただよう雌臭がすごくて、私の股間はまた力をみなぎらせてしまうのです。

やっぱり、外でするセックスは集中できないんです。なんだか中途半端な気持ちになってしまった私は、車をホテルへと走らせました。

「ここでもう一回、ちゃんとやろう。いいよな?」

「うん。お義兄さんのモノが役に立つならね」

そう言って、イタズラっぽく笑う詩織をホテルの部屋に連れ込んで、もつれ合うようにしてベッドへとなだれ込みました。

そして乱暴に服を剝ぎとり、豊満な乳房を舐め回し、股間に手をねじ込みました。そこはやはりヌルヌルになっているんです。ひょっとして、詩織はいつも股間を濡らしている女なんじゃないかと思ったほどです。

そのぬかるみの中に指をねじ込んで、クチュクチュとかき回してやると「あああん、感じちゃうぅ」と、悩ましげな声で言いながら、詩織は私のために大きく股を開いてくれました。

「詩織のアソコを、よく見せてくれよ」

私は詩織の股間に顔を近づけました。

「ダメよ、お義兄さん、恥ずかしいわ」

「いいじゃないか。さっきは外だったから、よく見ることができなかったんだよ。俺は詩織のことがずっと好きだったんだ。だから、詩織の体の隅々まで見たいんだよ。いいだろ？」

「そんなに言うなら、ちょっとだけね」

それでも恥ずかしいのでしょう、詩織は両手で顔を隠してしまいました。でも、股間は無防備です。私は詩織の両脚を左右に押し開きました。

「あぁぁん……」

「おお、すごい……」

詩織のオマ○コを見るのは、もちろん初めてです。いままでに何度も想像していたのですが、その想像よりもびらびらが大きくて、すごくいやらしいんです。しかも、さっき外でハメたばかりということもあるのか、ぽっかりと口を開けて、よだれを垂らしているんです。

「詩織のオマ○コは、こんななんだね」

私がため息交じりにつぶやくと、詩織が少し怒ったように言いました。

「なに？　こんなってどんななの？」

でも、そのときも、まるで下の口でしゃべっているかのように、オマ○コの穴がヒクヒクとうごめいているんです。

「すごくきれいで、すごくエロいってことさ。ああ、たまらないよ」

そう言い終わるかどうかで、私は詩織のオマ○コに口づけをしました。

そして、ピチャピチャと音をさせながら、ディープキスでもするように舌をねじ込んで、中まで舐め回してあげたんです。

さらにその舌愛撫をクリトリスへ移動させ、執拗に舐めつづけました。

「ああん、すごい。ああ、気持ちいい……ダメ、もうダメよ。あああん！」

いきなりビクンと体をふるわせると、詩織は胎児のように体を丸めてしまいました。

「またイッちゃったのか？」

「だってぇ……今日はずっとエッチしているような感じなんだもん。お義兄さんはどうなの？」

ほてった顔を私に向けて、詩織は不満げに言いました。

「俺はこんな感じだよ」

私はベッドの上に立ち上がり、服を脱ぎ捨てました。その股間には、ペニスが逞しくそそり立っているんです。

「すごいわ、お義兄さん。さっきあんなに出したのに……」

「詩織がエロいから、こうなっちゃうんだよ」

そう言って私は下腹に力をこめて、ペニスをビクンビクンと動かしてみせました。

詩織はまるで猫じゃらしを鼻先で振られた猫のように、目を見開き、ゴクンと喉を鳴らすんです。

私は五十代半ばですが、体力には自信があります。とはいっても、さすがに一日に何回もというのはなかなか厳しいです。でも、その日ばかりは、まるで二十代に戻ったように力がみなぎっていたのです。それはやはり、相手が詩織だったからです。

「さあ、好きなだけしゃぶっていいぞ」

私の許しを得た詩織は、獣のようにペニスに食らいついてきました。そして、鼻息を荒くしながら、おいしそうにしゃぶりつづけるんです。

上から見ると、その動きに合わせて大きな乳房がゆさゆさ揺れて、たまらなく卑猥でした。しかも、詩織も外でするときにはまだ周囲を気にしていたようで、部屋の中でするフェラチオはすごいんです。

ただ竿をしゃぶるだけではなく、陰嚢を指先でもてあそばれると、私は腰から砕けるようにその場に座り込んでしまいました。

「だ、ダメだよ、詩織。それ、反則だよ」

私の言葉を受けて、詩織はますます悪ノリし、今度は陰嚢を口の中に含み、舌で転がすように愛撫しはじめました。しかも、唾液にまみれたペニスは右手でしっかりと握りしめ、その手を上下に激しく動かすんです。

そんなことをされたら、すぐにイッてしまいそうです。いくら相手が詩織でも、一日に三回できる自信はありません。最後の一発をむだ撃ちするわけにはいきません。

「ダメだよ、詩織。もう、もう……オマ○コに入れさせてくれ」

私が懇願すると、ようやく詩織は陰嚢を口から出し、残念そうに言いました。

「そう？　このまま発射するところを見たかったんだけど。まあ、いいわ。さあ、お義兄さん、きて……」

詩織はあおむけになって股を開き、両手を私に向けて差し出しました。色っぽい顔、乳首が勃起した豊満な乳房、そして、とろけきったオマ○コ。その魅力的すぎる女体に、私はダイブしました。

ペニスの先端をとろけきったオマ○コに押し当てると、まるでイソギンチャクが獲物を捕食するときのように、詩織のオマ○コは私のペニスを呑み込んでいきました。

「あっはあああん！　お義兄さん、すごい……」

下から私にしがみつき、詩織が耳元で喘ぎ声をあげました。

「ああ、すごく締まるよ。ううう……詩織のオマ○コ、最高だよ」

私も詩織の耳元でささやき、そのまま耳たぶをしゃぶり、さらには首筋、乳房と舌愛撫を移動させていきました。

それと同時に、私はゆっくりとペニスを引き抜いていき、完全に抜けきる手前まで根元まで挿入し、また引き抜き、という動きを繰り返しました。

「はああぁん……それ、すごく気持ちいい、あああん！」

「俺も……うう、俺もすごく気持ちいいよ」

ストロークの長さはそのままに、抜き差しするスピードを徐々に速くしていくと、二人の体がぶつかり合って、パンパンパンと拍手のような音が響きました。

「すごい、ああんっ……すごい……あああっ、お義兄さん……あああんっ」

強烈すぎる快感から逃れるように詩織の体が徐々にベッドの上をずり上がっていくんです。その体を上から押さえつけて、私はさらに激しくピストン運動を繰り返しました。詩織が感じれば感じるほど、オマ○コはきつく締めつけるんです。

強烈な快感の中でペニスを抜き差ししていると、すぐに限界が近づいてきました。

「ああ、俺、もうイキそうだよ。ううっ……」

「私も……あああん、私もイキそうよ！　今度は、今度は中にちょうだい！」

「でも……」

「大丈夫。生理不順でピルを飲んでるから、心配しないで。お義兄さんの精液を中に欲しいの。あああん！」

詩織のオマ○コの中に射精する……そのことを考えた瞬間、私の中の堤防があっさりと決壊してしまいました。

「も、もう……もう出る……出る出る出る、うううう！」

ズンと力いっぱいペニスを突き刺して、私は腰の動きを止めました。次の瞬間、ペニスがオマ○コの中で暴れて、熱い精液を勢いよくほとばしらせたんです。

それを膣奥で感じた詩織もまた、限界を超えてしまいました。

「はぁんん……イクイクイク、イックぅうぅぅ！」

エクスタシーに昇りつめた詩織の膣肉がキューッときつく収縮し、私のペニスの中に残った精液を全部しぼりとったのでした。

この日から私と詩織は、近親相姦とダブル不倫という二つの罪を抱えながら快楽に溺れるようになったんです。

　私と妻が沖縄に滞在していた一週間、すきを見つけては毎日のように交わりました。

　妻は「またもぐりにいくの？　あんたたち、本物のダイビングバカね」と、疑う様子もありません。義弟も同様であるらしく、詩織は逢瀬を重ねるごとに肉体を開発されて、淫らになっていくのでした。


　私と妻は年に三回、ゴールデンウィークと盆と正月に沖縄へ行くのが習慣です。すでにゴールデンウィークと盆にそのような濃密な時間を重ねており、私と詩織は飽きるどころか、ますます強くお互いを求め合うようになっていました。

　単にセックスの相性がいいという以上に、運命すらも感じるほどです。妻と義弟には申し訳ないけど、詩織との関係は今後もやめられそうにありません。

親戚一同が集まった大宴会の夜……可愛い甥のペニスを嬲る五十路熟主婦

大澤藍子　主婦　五十歳

山形県は、日本屈指の雪が多い県です。そのせいか、子どものころから冬はあまり出歩かず、屋内で暮らすことが多い土地柄です。遊びや趣味もスノーボードやスキー以外には、室内でできるものばかりでした。

また、進学や就職で県外に出る人は別にして、恋愛に関しても手近でカップルになるパターンが多いように思えます。

そういう私も、夫は中学からの同級生です。周囲にはイトコや遠縁の者と結婚する人も少なからずいます。

そんな環境ですから、親戚との結びつきは自然と強くなります。米どころで日本酒の名産地でもあり、何かあれば親戚が集まって宴会といった感じになります。

さっき手近な相手と言いましたが、こんな場所ではちょっとしたことでまちがいが起こりがちになってしまうものです。

私の場合は、妹の息子、つまり甥の憲之くんがその相手でした。

憲之くんは、まあまあイケメンなので、顔の作りは悪くないのですが、どこかあか抜けないところがあって、モテるタイプとはいえません。妹の話では彼女がいたこともないようでした。

今年の正月のこと、いつものように親戚一同で集まって宴会をしたのですが、昨年から大学に通うため上京して一人暮らしをしていた憲之くんも同席していました。あまり県外から出たことがなかった私たちは、東京での暮らしに興味津々であれこれ質問を浴びせかけました。

けれど彼は、反応が鈍いというか素っ気ない態度だったのです。こんなときは、お酒を飲ませるに限ります。昔からお酒に強かった私は、憲之くんにどんどんお酌をしたのですが、まだ飲み慣れない彼はそれでつぶれてしまいました。

田舎の家ですから、部屋数だけはあります。責任を感じた私は、空いている部屋に布団を敷いて彼を運び込みました。

そこで初めて、憲之くんが本音を話してくれました。

東京で彼女を作り、青春を楽しもうと夢見ていた憲之くんでしたが、一度、同じ大学で好意をもった女の子から方言を笑われてしまい、それからは消極的になってしまったのだとか。

皆がいるところでは恥ずかしくて言えなかったのですが、年上の女性である私になら相談できたようです。

「んだがしたー(そうなんだねえ)」

しょげ返った憲之くんは年よりも幼く見えて、私は母性本能をくすぐられ、彼の頭をなでました。

「こだなにめんごい(かわいい)げんどねえ」

すると驚いたことに、憲之くんがいきなり私に抱きついてきたのです。

「おばさん、やらしぇでよ。おらにへな(女)教えでけろ」

あわててしまいました。私にも子どもはいますが、二人とも娘ですから、男の子の激情については何も知らなかったのです。いきなりそんな思いきった行動に出るなんて、想像もしていませんでした。

広い家とはいえ、同じ屋根の下に親族たちがいます。まだ起きている者もいるでしょう。

こんな状況でそんなことになってしまって、皆にバレたらさすがに問題になるに決まっています。

「ほだなこど言われでも、ししゃますする（困る）」

抵抗しましたが、幼い外見に似合わず、力だけは一人前の男並み以上で、がっちりと抱きすくめられて、身動きもままなりませんでした。

「ほだなこどすちゃだめ。やめでけろ」

憲之くんが乱暴に私の全身をまさぐります。そんな男の人の武骨な指先が体を這い回る感覚が、私の女の肉体に火をつけてしまいました。

夫とはずっとセックスレスでした。娘が思春期になったころ以来ですから、もう十年近く、そういうことはご無沙汰していました。そのせいもあったのでしょう。男性に肉体をもてあそばれる好ましい感覚を拒絶できませんでした。私は抵抗をやめて、憲之くんに身をまかせてしまったのです。

「ああ……」

私の口から洩れる喘ぎ声は、はっきりと甘さと媚を含んだ女の声になっていました。気をよくした憲之くんが、シャツのすそから手を差し入れました。

這い上る手が私の胸に届き、乳房をつかまれました。指先に力がこもり、ブラジャーの上からおっぱいをもまれました。

さらにもう一方の手が、スカートのすそをたくし上げて、太腿を這い上ります。ざわっと、快感の鳥肌が立つのが自覚できました。

「ほだななこど、だめだって言ってるでね……」

弱々しく首を振りながらそう言いましたが、聞く耳を持ってくれるわけもありませんでした。

憲之くんの手がさらに内腿をなでさすりながら這い上り、やがて股間に届きました。下着の上からではありますが、アソコの割れ目に中指が食い込みました。

「はぁうう……！」

思わず身を縮ませてしまうくらいの快感が走りました。

歯を食いしばっても喘ぎ声は止められず、気持ちよさにびくびくと腰をうねらせてしまいます。

そしてついに、憲之くんの指がパンティの股布をくぐって、侵入してきたのです。男の子の太い指が、陰毛をかき分けて女陰に直接ふれました。

「おばさんのぺッぺ、こだなに濡れでっず」

言われるまでもなく、私のアソコはとっくに愛液を垂れ流して、ぐっしょり濡れていました。

でもそれをあえて甥の口から聞かされて、私は消え入りたいほどの羞恥心に身悶えしました。

「ほだな、しょうしい（恥ずかしい）こど、言わねでけろ。恥ずかすえ……」

私は憲之くんの手を押さえてやめさせようとしましたが、むだでした。それどころか抵抗されて、よけいに嗜虐欲を煽ってしまったかもしれません。

「恥ずがすがるごどねでねが。気持ぢいいんだべ？　感ずでるんだべ？」

下着が膝までずり下げられ、私は尻餅をつきました。その拍子に開脚してしまい、憲之くんの眼前にアソコをさらけ出してしまいました。すかさず憲之くんが這いつくばってのぞき込みます。

「これがペッペが。はずめで見だんだげんと、何かすごい……」

脚を閉じようと思えば閉じられたのですが、憲之くんがあまりに熱心に見つめるものですから、それもかわいそうな気がしてできませんでした。

「ほだえ、ずっと（じっと）見づめられだら、恥ずがすいよ……」

そう口では言いましたが、見られることで得られる快感もありました。

羞恥心が心地よく性感を刺激して、愛液があとからあとからにじみ出してくるのが感じられました。

でも、そうなるともっと直接的な快感が欲しくなるものです。

「なあ、口でできる？　そご、舐めでほすいんだげど」

気がつくと私は、そんなことを口走っていました。

それだけではありません。私は両手で憲之くんの頭をつかみ、自分の股間に押しつけてしまいました。

「んぐ……」

甥っ子の鼻面が肉の割れ目にめり込みました。硬い鼻骨が感じられ、同時に唇の柔らかさも感じられました。

「舐めで、舐めで、舐めでほすいの……！」

私の懇願に、憲之くんは律義にも舌を出して舐め回してくれました。

その舌は、ともすれば見当違いな箇所をむだに刺激したりもしましたが、私はつかんだままの彼の後頭部をハンドルのようにして操縦し、ちょうどいい箇所に舌が当たるようにしました。

「ああ、気持ぢいい！　もっとよ、もっとすてけろ！」

私は彼の舌が陰唇をかき分けて膣口を刺激するように調節しながら、鼻骨をぐりぐりとクリトリスにこすりつけました。自分からも腰を突き出し、より強くクリトリスを刺激するようにしました。

性感はどんどん高まり、もうそれだけで我慢できなくなるのに時間はかかりませんでした。

「なあ、指入れでけろ。指、アソコさ突っ込んでほすいの」

私は憲之くんの顔面にぐいぐいと女陰を押しつけながら、そう言いました。

「ほだなこど言われでも、どさ(どこに)入れだらいいのがよぐわがんねよ。ここでいいのが?」

憲之くんは、慣れないながらも手探りで膣口に指を突っ込んでくれました。穴はぱっくり口を開けているのでわからないわけはありませんが、どの角度で挿入すればいいのか要を得ないようでした。

そこは私が叔母として、年長者として導くしかありません。腰をうねらせ、彼の指が膣内の最奥部に届くように調節しました。

「おらが指、突っ込んだんじゃなぐで、おらの指、逆さペッペさ呑み込まれだみだいでねが」

確かにそのとおりでしたが、あらためてそう言われると、やはり恥ずかしいものです。あまりにもはしたない動きになってしまったかもしれません。

「叔母ぢゃんのぺっぺって、すこだまげさく(すごく下品)なんだね」

そんなことを言われて、ちょっとショックでした。

「どだなだず(何言ってんの)！　えぐらりえ(意地悪な)ごど言うんなら、もう、やらしぇであげねがらね」

私は憲之くんを突き飛ばし、両脚を閉じました。ちょっと大人げないかもしれませんが、そっぽを向いてやりました。

「われ、われ(ごめん、ごめん)。もう言わねがら許すてけろ。こらえてけろ」

這いつくばったままの姿勢で頭を下げる姿はまるで土下座しているみたいで、おかしくなりました。もちろん、私としてもここで中断するつもりなんてありません。

「ほんじゃ、今度はおめのチョンチョゴ見しぇでみなさいよ」

憲之くんは、恥ずかしそうにしながらも、ズボンもパンツも脱ぎ捨てて、私の目の前にペニスをさらしました。

それはしっかり勃起していました。亀頭はまだ幼さを残したきれいなピンク色で、包皮がその三分の一をおおっていました。

「めんげえ(かわいい)」

思わずそう言ってしまい、憲之くんは不満そうでしたが、そう思ってしまったのだから仕方ありません。私は、とりなすように微笑みかけ、ペニスに指を絡め、ピンクの亀頭にチュッと唇をつけました。

「うう……」

憲之くんが、うめき声をあげて腰を引きます。

でも逃がしません。絡めた指に力を込めて陰茎を握り、私はさらに亀頭を愛撫しました。ちゅっちゅっとキスをして、舌を出してちろちろと舐めていきます。

亀頭の中心から円を描くように、同心円をだんだん大きくしていくようにして、包皮を剝いていきます。

やがて皮がぺろんとめくれてすっかり露出した亀頭に、さらに舌を絡めます。傘の裏側までていねいに愛撫します。恥垢の匂いがつんと鼻をつきましたが、それさえも好ましく思えました。

私は快感の吐息を頭上に聞きながら、自分でも驚くくらいの熱心さでフェラチオしました。

「気持ちえが？」

私は上目づかいで憲之くんを見上げて問いかけます。

「んだす……」

目を閉じて何度もうなずきながらそう言う憲之くんがかわいくて、私はもっと優しくしてあげたくなりました。

大口を開けて、亀頭全体をすっかり口に含みます。溢れる唾液を垂れ流して、茎に絡めた指で、よだれを陰嚢まで塗り伸ばします。

亀頭に舌を絡ませながら、頭を前後させてピストンしました。じゅぷじゅぷと泡立った唾液がいやらしい音を立て、聞いてるだけで恥ずかしくなります。でもその音が、私をよりいやらしくさせるのでした。

「なあ、おばぢゃんのペッペに、おらのチョンチョゴ突っ込みだぇよ。そろそろ入れさしぇでけろ」

我慢できなくなった憲之くんがそう言うので、その場にあおむけに寝転ばせました。

私はそのままスカートをたくし上げて彼の下腹部に跨ります。騎乗位で挿入するつもりでした。

「さすけね(いい)？　入れっず？」

私は、ペニスの根元を逆手に握って、女陰へと誘導しました。

亀頭を押しつけて陰唇をかき分け、膣口に導きます。硬く膨れ上がった若い亀頭は、難なく膣口を押し広げ、私の中に押し入ってくるのでした。

ほんとうに久しぶりの感覚でした。膣内の柔らかい肉襞がペニスに貫かれていきます。

「ああ、すごい。すこだま気持ぢええ……！」

腰を完全におろすと、亀頭先端が膣内のいちばん奥にまで届きました。

女陰はペニスを根元まですっかり呑み込み、密着する粘膜と粘膜が、お互いの愛液でぴったりとなじみます。

微妙な体重移動でほんの少し動くだけでも、こすれ合う粘膜が奥にひそむ性感神経をびりびりと刺激して、たまらない快感を生み出すのです。

それでも年長者としては、いきなり我を失うわけにもいきません。なんとか平常心を保ちながら眼下の甥っ子に声をかけます。

「へな(女)の体は、どだな感ず？　気持ぢよがんべ？」

「んだっす。こだなに気持ぢがいいどは知らねがったず。すこだま気持ぢええ」

「んだべぇ？　んだばぁ、もっと気持ぢよぐすてけっからね？」

私は、ペニスを咥え込んだ女陰を中心にして、尻文字で円を描くように、腰を回しました。密着した粘膜がいやらしい音を立てます。

描く円を小さくしたり大きくしたりすることで、こすれる箇所やこすれ方が変わり、快感の度合いも変わります。

さらに、上下の動きも加えていきます。ぺったりと据えていた尻を軽く浮かせて動きを自由にして、尻の角度を変化させることで、またこすれる箇所やこすれ方に変化が生まれます。

我ながら貪欲で恥ずかしい限りですが、そのようにして私は若いペニスを味わいつくそうとしたのです。

「ああ、すこだまええ、すこだま気持ぢええ……！」

快感はどんどん強くなり、気がつくと、がくがくと私の全身に痙攣が起こっていました。それは自分で止めようとしても、止まらない震えでした。

意識的に腰の動きを調節していたはずが、いつの間にか下半身が勝手な意志を持ってしまったように、御しきれなくなっていました。私の腰は私の意識を無視して、どんどん動きを大きく、そして激しくしていったのです。

「ああ、ああ、ええ。気持ぢええ！　もう辛抱でぎね！」

もう平常心は保っていられませんでした。

甥っ子のことなど忘れて、私はただただ自分の快楽を求める肉のかたまりになっていました。

私はみっともないくらいに乱れに乱れ、尻を振り立ててヨガリ狂いました。

もう親戚の誰かに声を聞かれたらどうしようとか、そんなことも考えられなくなっていました。

どんどん高まり、このまま絶頂まで一気に駆け抜けるつもりの私でしたが、それはかないませんでした。

「ああ、おばぢゃん、おら出すてすまう……もう我慢でぎね！」

先に憲之くんが射精してしまったのです。私の尻の下で、憲之くんの体がぐっと伸び上がり、全身に力がこもりました。ただでさえ筋肉質の太腿がびっくりするくらい硬くなって、同時に膣内のペニスも硬くなりました。

亀頭がぶわっと膣内いっぱいに膨れ上がるのが感じられ、勢いよく飛び出した精液が、膣内に満ちました。

それはそれでうれしい感覚だったのですが、もうちょっとでイケたのに、という思いは消せません。でも、初体験の甥を責めるわけにもいきませんでした。

「どだな？　気持ぢよがんべ？」

だから、がっくりと脱力した憲之くんと並んで寝そべって、私はそんなふうに声をかけました。

「もちろん、すこだま気持ぢよかったけんど、おばぢゃん、イギ損ねだんでねの？」

そう言うと、憲之くんは身を起こして私におおいかぶさってきたのです。そんなところはしっかりと男の子なのでした。

「実言うど、そうなんだず。よぐわがったね。んだけんど、さすけねの（大丈夫）？続げでできそうなの？」

「んだばぁ（それなら）……」

若さってほんとうにすごいです。もう憲之くんのペニスは復活して、勃起状態なのでした。開脚させた私の股間にけなげに突進する彼と彼のペニスが心底うれしくて、両腕を回して下から抱きつき、両脚で尻を抱き込みました。

今度は憲之くん主導のピストンでした。たったいま童貞卒業したばかりとはとても思えない堂に入ったピストンで、私はまたたく間に絶頂へと追いやられたのです。

「ああ、イグ、イグ！　もうだめ、イッですまう！」

それだけで終わりにはならず、そのあとも私たちは、後背位、座位と体位を変えて何度も交わり、やっと体を離したのは、もう明け方近くでした。

これで憲之くんも自信をもって東京生活に挑めるだろうと、叔母としても私は満足だったのです。

でも、そううまくことは収まりませんでした。最近彼は、大学を中退してこちらで就職したいと言っているらしいのです。

妹からそう聞かされて、複雑な気分の私です。憲之くんが、私とのセックスが忘れられなくて地元に帰ろうとしていることは、まちがいないでしょう。

私としても、そうなれば、いつでも楽しめるという期待もありますが、甥の人生を狂わせてしまったのではないかという罪悪感もあり、揺れているのです。

仕事も家庭も失った哀れな熟年男……故郷で再会した美従妹と感動セックス！

佐久間 潔 会社員 五十一歳

私は五十一歳のバツイチ無職男です。半年前まで東京でIT関連の会社に勤めていましたが、思うところあって辞めました。同時に、家庭内別居状態だった妻とも離婚が成立したのです。転職先も決めずに仕事を辞めた私は、これを人生の夏休みと思うことにして、故郷の長野に一時帰省したのです。

長野県の松本市に近い田舎町が私の故郷です。久しぶりの故郷ですが、長年の都会暮らしに馴れた身には毎日が退屈で、きれいな空気も豊かな自然もすぐに飽きてしまいました。

実家の近くには、従妹の紀子（のりこ）の家がありました。

紀子とは子どものころから兄妹のような間柄で、子どものころは近所の田んぼで泥だらけになって遊び、そのあとにはお風呂にもいっしょに入ったものです。

紀子とは帰省してからもよく顔を合わせました。昼間はお互い暇なので、ちょくちょく紀子の家に出向くようになったのです。

それというのも、離れているうちにいつの間にか沖縄を抜いて「長寿日本一」になった長野県は、うちの近所も高齢者ばかり。私の同年代さえ少ないのです。

自然と、六つ年の離れた紀子と昔のように話をするようになりました。

紀子にはもう二十年以上連れ添っている旦那がいて、子どもも娘が一人います。旦那は松本市の某楽器メーカー勤務、仕事の関係で名古屋方面に月に数回出向くと聞いています。紀子は専業主婦だから、気楽な御身分です。

初夏のある日、ジャージにサンダル姿で朝っぱらから散歩がてら紀子の家に遊びにいくと、紀子の旦那がちょうど名古屋への出張に出かける場面でした。

「ほしたら、行ってくるわ」

「はい……」

夫を見送る平凡な光景のはずですが、夫婦のやりとりはどことなくぎこちなく見えました。なんだか紀子の様子がおかしいのです。

「なにかあったのかい？」

旦那と娘を送り出したあとに家に上げてもらい、お茶を飲みながら理由を聞くと、どうやら夫は名古屋出張の際、毎回風俗通いをしていたらしいのです。

「私、悔しくって……」

「まあ、男だからなあ……」

同じ男として、私は紀子の旦那の気持ちがわからないでもなかったのです。

ご存じの方もいるかもしれませんが、長野県は条例の関係で風俗不毛地帯。ハメをはずすには名古屋に行くというのが昔から相場です。

「風俗くらいなら、別に……」

私が言うと、紀子は私に向かって怒り出しました。

「なんだ！ ソープは浮気じゃないって言うんか！」

怒りの矛先が自分に向かってきて、私はあせりました。

「いや、俺はいま独身だし……」

紀子は、さらにヒステリックに怒り出しました。

「ほんだら、私と浮気してよ！ それで夫と私はトントンなんだから！」

滅茶苦茶な理屈にあっけにとられている私に、紀子はいきなり抱きつき、キスをしてきたのです。まるで逆レイプです。

「お、おい……んんぐ」

まるで事故のような状況でしたが、久しぶりに味わう女の唇の感触に、相手が誰かということも忘れてぼうっとなっていました。

気がつくと、私は自ら手を伸ばし、紀子の体を自分に抱き寄せていたのです。

「ん、あ、あ……」

私の指先が太腿にふれただけで、紀子は切ない声をあげました。

怒りで興奮していたせいで、すでに体が敏感になっていたのでしょうか。

紀子は夏物の薄黄色のワンピースを着ていました。そのスカートのすそから、両脚の間に手を忍び込ませたのです。

「んっ、くすぐったい……あっ、あっん……！」

紀子の声はだんだん大きくなって、くすぐったいどころではなくなってきました。

でもこのあたりは東京のような隣近所もありません。すぐ近くに家などないので、声を聞かれる気づかいもありません。それでも午前中から幼馴染の従妹の体にふれているというのは、スリルを感じずにはいられませんでした。

腕にふれる太腿は、少し汗ばんでいます。指先は紀子の股間に到達しました。

下着越しに指でふれているだけなのに、蒸れているのがわかります。

「湿っとるぞ……」

紀子の耳元にささやくと、紀子は大きく体を揺らし、私の腕の中でのけぞりました。

紀子は、かなりグラマーなタイプです。

幼いころは貧弱だったのに、成人するころには豊満なスタイルに変貌していました。そして結婚、出産を経たいまでは、脂も乗ってさらにボリュームを増しています。正直、それがたまらなくそそるのです。

私自身のもともとの好みは、スレンダーなモデルタイプです。ですが、ご多聞に洩れず、歳をとるにしたがって豊満好み、熟女好みに変化していきました。

そして実を言えば、今回帰省してからも、紀子の変貌した体つきにはそそられていないでもなかったのです。

いやらしい体をしやがって……。

そんなことを思いながら、自分のためにお茶を淹れてくれる紀子の腰つきを舐め回すように眺めたことも、一度や二度ではありません。

だからといって、ほんとうに関係をもつなんていうことは考えてみたこともありませんでした。何せ従兄妹とはいえ肉親であり、立派な近親相姦なのですから。

しかし、まさかの展開で紀子のほうからこうして抱かれてくるとは……。

紀子の局部をパンティ越しに愛撫しながら、私のズボンの中のものもふくらんでいきました。タブーを犯しているのが刺激になったのか、自分でも驚くぐらいにいきり立っていたのです。

そのふくらんだものが、紀子の手につかまれました。

「すごいわ……これ、おっきくなっとるだに……」

紀子は酒に酔ったように赤らんだ顔で、私のチ○ポをこね回します。目がとろけています。握られた私のチ○ポも、すっかり熱くなっています。

「う……おい、ちょっと」

紀子の積極的な愛撫にまさかの暴発をしそうになった私は、紀子の股間から思わず指先を離してしまいました。

そのすきを突くように、紀子は私がはいていたランニングパンツを脱がせました。そしてその下のボクサーパンツから、あっという間にチ○ポをとり出したのです。

「あっ……」

気づいたときにはもう、亀頭がすっぽりと紀子の口に咥えられていました。

東京よりもよほど涼しいとはいえ、季節はもう夏です。すでに汗で蒸れているはずの私のチ○ポを、紀子はためらいもせずに口に含んだのです。

含んだだけではありません。亀頭を、まるで飴玉でもしゃぶるように舌で舐め回してきたのです。

ねっとりと、まるで汗臭さそのものを味わうように。

「んっ、く……！」

私が思わず声を出すと、紀子は私の股ぐらから顔を上げてこちらを見上げてきました。得意げに目が笑っています。

「気持ちいいんでしょ？」

その勝ち誇ったような目に、私はやり返したい気持ちになりました。

私は紀子の尻を抱きかかえて、ワンピースのスカートをめくり上げました。そしてその下にあるベージュ色のパンティを一気に脱がしたのです。

「ああん、んん！」

紀子が悩ましい声をあげました。

「お返しだよ」

私は強引に、紀子に四つん這いの体勢をとらせました。そしてお尻の肉を左右にかき分けて、奥を露にしたのです。むわっと、汗の匂いがしました。

「やっ、恥ずかしい！」

紀子は口ではそう言いながらも、抵抗しません。いえ、せめてもの抵抗のつもりなのか、お尻を左右に振っています。それがまた扇情的な光景なのです。

お尻の穴も、その下の繁みの奥もまる見えでした。

庭に面した部屋の引き戸には、網戸が閉められているだけの状態です。そんなことはめったにありませんが、もし誰かが通りがかったら……。

「あんまり声を出したら、さすがに誰かに聞こえるぞ」

私がそう言うと、紀子は声をひそめました。

その瞬間に、私は紀子の繁みに口づけしました。

「んっ！」

紀子は四つん這いになったまま上半身をうつ伏せにしました。もう体を腕で支えていられなくなったのでしょう。そしてそのぶんお尻はさらに大きく掲げられて、奥までぱっくりと口を広げて、私の目の前に飛び出してきたのです。

紀子のビラビラとした肉ひだは、色素沈着というのでしょうか、年相応に黒ずんではいました。しかし奥を広げると目が覚めるほどのきれいな薄ピンクで、そのギャップがさらに興奮をかき立てるのです。

これが、紀子のオマ〇コか。

感慨深い思いで、目の前にある従妹の性器をじっくりと眺め回します。そして舌で濡れた肉ひだをかき分け、そのピンクの肉穴にふれてみました。

「んっく、んんん！」

紀子はさっき私が言った「誰かに聞こえるぞ」という言葉が気になったのか、うつ伏せになった自分の腕を嚙んで、声を殺しているようでした。

しかし、くぐもった声とはいえ、隠しきれない大きな喘ぎが洩れ出ています。

紀子も朝だから、まだシャワーを浴びたりはしていないのでしょう。かなり蒸れた匂いがして、濃い味もします。

しかし、それは不快なものではありませんでした。

これもやはり、好みの変化なのでしょうか。若いころは、とにかく相手にも清潔を求めたものです。でもいまは相手が見せたくない、見られたら恥ずかしいであろう部分を、たっぷり時間をかけて味わうのがたまらなく楽しいのです。

「こんなに濡らして……旦那はしてくれないのか？」

私がそう聞くと、紀子はハアハアと喘ぎ声をあげるばかりです。

「ん？　どうした？　言ってみろよ？」

私は唇を離し、人差し指と中指を重ね紀子のオマ◯コに突き立てました。すっかり濡れた紀子のオマ◯コは、ズブズブとそれらの指を自ら吞み込んでいったのです。

「ああ、あああんっ！」

紀子はたまらず大きな声をあげました。二本の指を呑み込んだオマ○コが、紀子の荒い呼吸に合わせて収縮しました。その上に見えるお尻の穴も、放射状のシワを収縮させています。

午前中の早い時間だというのに、とてつもなく卑猥で、ほとんどシュールと言ってもよいほどの光景でした。

「あっ、あっ、ああ、あああ！」

私が挿入した指を前後にピストンさせると、それに合わせて紀子の口から喘ぎ声が洩れてきました。もう声を殺そうとも考えていないようでした。

そして、ただ一方的に指先に犯されるだけではなく、自分からも快感をむさぼるように腰を動かしてくるのです。

「やっぱり、旦那に放っておかれて、欲求不満になったのか？」

紀子を責める私の声も、興奮してうわずりました。動かしている指先も、信じられないほど紀子の愛液で濡れてベトベトになっています。

「いやあ……そんなん言わんで！」

かすれた声でそう言ったあと、紀子の体は海老のようにそり返りました。

「あっひ、う……んん！」

ひときわ大きな声を出して、十秒ほどその状態で全身をふるわせたあと、力が抜けていくのがわかりました。紀子は指だけで絶頂してしまったのです。

ぐったりと床に身を横たえている紀子の髪をかき上げると、満足そうな笑みを浮かべて顔を紅潮させています。

私はそんな紀子の顔の前に、自分の指先を突き出しました。さっきまで紀子のオマ○コの中に入っていた、まだあたたかい指先です。

「見ろよ……こんなに濡らして」

恥ずかしそうに顔をそむけるかと思いきや、紀子は自分の舌を伸ばして、私の指を舐めてきたのです。自分の愛液で汚れている指をです。これには驚きました。

「お前って、こんなにスケベだったのか……」

あきれる私の目の前で、紀子は惚けたように指をしゃぶりつづけます。

私は紀子のワンピースとブラも脱がして、紀子も私の着ている物をすべて脱がしてしまいました。子どものころは真っ裸になって川で遊んだり、いっしょにお風呂に入ったこともある仲ですが、裸を見るのはそれ以来です。

お互い、肉体はあのころとはすっかり変わっています。でもどこか、こうして裸で愛撫し合っていても、じゃれ合っているような、遊びの延長のような気持ちです。

背徳感や罪悪感も、あってなきがごとしでした。

私のほうは無職で、しかも独身です。そして紀子の旦那は風俗とはいえ浮気をしているわけですから、そこまで気にすることもありません。そんな気楽さも手伝ったのか、相手が従妹だという現実も、頭から消し飛んでしまったのです。

寝室に移動することもなく、紀子と私はそのまま居間で互いの体をむさぼりました。

私は紀子の両手を壁につかせて立たせました。

紀子は胸だけでなく、お尻もボリュームがありました。それを手のひらでなで回し、ときには平手でピシャリと、軽く叩いたりもしました。

「あんっ！」

紀子が甘い声で悲鳴をあげます。私も興奮しました。後ろから自分の下半身を押しつけて、両手は紀子の胸に回し、耳元にささやきました。

「四十を越えた女は性欲が強くなるっていうのは、ほんとうだな……」

二人とも体が汗だくになっています。私はこちらに戻ってから、日差しにさらされてすでにかなり日焼けしていましたが、紀子は生まれつき色白です。

脂がのった白い肌が汗で濡れて光っているのも、艶を増していました。

「んん、それはあんたたら……ああっ！」

私が後ろから下半身を突き出して、紀子のオマ○コにふれさせました。まだ挿入はしません。お尻の下から股をくぐらせたチ○ポの亀頭を使って濡れ具合を確かめたのです。

すぐに亀頭は、ジュースでドロドロになってしまいました。

「さっきイッたばかりのくせに……こんなに濡らしやがって」

「ひ、久しぶりなんだら、仕方が……ああんっ！」

私が自分の手でつかんだチ○ポを少し上向きにさせると、紀子の体がビクッと痙攣しました。おっぱいもお尻の肉も、ぶるんと揺れました。

肉ひだの間に、亀頭だけがすっぽりと挟まった状態です。

「このまま……入れてほしいのか？」

紀子をじらすためというより、最終確認のように私はたずねました。

紀子は濡れた目で、無言のままうなずきました。私自身の興奮も最高潮でした。

ここで拒まれても止まらなかったでしょう。きっと勢いにまかせて、紀子のことを犯していたに違いありません。

紀子の返事はオーケーだったので、私は迷うことなく腰を突き出しました。

「あうっ、ん……」

挿入されたチ○ポを呑み込むドロドロのオマ○コ。濡れていたので挿入はスムーズでしたが、けっして緩いわけではありません。

むしろ、その締りのよさに驚かされました。とても経産婦とは思えません。

「紀子のマ○コ……すごく気持ちいいぞ！」

私が耳元でささやくと、紀子はうれしそうに悶えました。

立ちバックの体勢のまま、私はゆっくりと腰を引きました。

紀子の下半身から自分の下半身を離そうとするとき、腰全体が引っぱられるような感触がありました。それくらい、締めつけが強いのです。

抜けてしまう直前に、もう一度深く、根元まで挿入しました。

「あん、あは……ああん！」

紀子の喘ぎは、どんどん大きくなっていきます。壁に手を突くというよりは、上半身全体を壁に寄りかからせている状態になっていました。立っていられないのです。

あまりに気持ちのいいオマ○コなので、じっくり味わいたくて、ゆっくり腰を動かそうと思いましたが、だんだん動きが速くなります。自然にそうなってしまうのです。気持ちよすぎて、ブレーキが踏めないのです。

あたりまえですが、幼いころにはこんなことになるなんて想像もしませんでした。というより、バツイチの自分が長野のような保守的な土地でこんな気持ちのいいオマ○コを味わえるなんて、期待もしてなかったのです。まさに棚ぼたセックスでした。

腰をパンパンと打ちつける音がして、お尻の肉がブルブルと波打ちました。

二人とも汗ぐっしょりになって、ふれ合う肌がヌルヌルするほどです。

「あっ、ああ、ああああっ！」

紀子の声がかすれて、体が床に倒れました。どうやら一度、軽くイッてしまったみたいです。

「おい……まだ、いけるか？」

私がたずねると、紀子は体をあおむけにして両手を広げてきました。

「今度は、こっちからして……」

ほんとうに貪欲だなと思いました。私は紀子の望みどおり、太腿に手をかけて広げてその間に腰を落としていきました。

驚いたことに、紀子のオマ○コは一度イッたあとに、さらに締めつけがきつく激しくなっていたのです。

汗ばんだ両腕を私の首に回して、両足で私の体を挟んで締めつけてきました。

私の腰の動きだけでは物足りないのか、紀子も腰を動かしてきます。強い性欲の持ち主だと、あらためて思い知らされました。

「ああ、はあうっ！」

紀子が悲鳴をあげた瞬間、ぎゅうっとひときわ強くオマ○コが締まりました。

「う、イク！」

私はとっさにチ○ポを抜いて、そのまま紀子のお腹の上に出しました。

そして、それだけでは終わらず、紀子の娘が帰ってくるまで、そのあと何時間も二人で愛し合ったのです。

その後、私は友人のつてで東京の会社に再就職しました。

でも、紀子の旦那の件は解決したわけではないので、また帰郷したときには紀子とできるかもしれません。そう思うと、大して好きでもなかった故郷のことが、やたら恋しく思えてくるから不思議なものです。

◉読者投稿手記募集中！

素人投稿編集部では、読者の皆様、特に女性の方々からの手記を常時募集しております。真実の体験に基づいたものであれば長短は問いませんが、最近のSEX事情を反映した内容のものなら特に大歓迎、あなたのナマナマしい体験をどしどし送って下さい。

●採用分に関しましては、当社規定の謝礼を差し上げます（但し、採否にかかわらず原稿の返却はいたしませんので、控え等をお取り下さい）。

●原稿には、必ず御連絡先・年齢・職業（具体的に）をお書き添え下さい。

〈送付先〉
〒101-8405
東京都千代田区神田三崎町 2－18－11
マドンナ社
「素人投稿」編集部　宛

◉新人作品**大募集**◉

マドンナメイト編集部では、意欲あふれる新人作品を常時募集しております。採用された作品は、本人通知のうえ当文庫より出版されることになります。

【応募要項】 未発表作品に限る。四〇〇字詰原稿用紙換算で三〇〇枚以上四〇〇枚以内。必ず梗概をお書き添えのうえ、名前・住所・電話番号を明記してお送り下さい。なお、採否にかかわらず原稿は返却いたしません。また、電話でのお問い合せはご遠慮下さい。

【送付先】 〒一〇一‐八四〇五 東京都千代田区神田三崎町二‐一八‐一一 マドンナ社編集部 新人作品募集係

禁断告白スペシャル 田舎の熟年相姦——背徳の悦び

（きんだんこくはくすぺしゃる いなかのじゅくねんそうかん——はいとくのよろこび）

二〇二一年十月十日 初版発行

編者◉素人投稿編集部【しろうととうこうへんしゅうぶ】

発行◉マドンナ社

発売◉二見書房 東京都千代田区神田三崎町二‐一八‐一一

電話 〇三‐三五一五‐二三一一（代表）

郵便振替 〇〇一七〇‐四‐二六三九

印刷◉株式会社堀内印刷所 製本◉株式会社村上製本所 落丁・乱丁本はお取替えいたします。定価は、カバーに表示してあります。

ISBN978-4-576-21145-9 ◉Printed in Japan ◉©マドンナ社